P. ÉDOUARD D'ALENÇON

La Vie & l'Œuvre

du

R. P. Jean-Baptiste

de Chémery

BLOIS (L.-ET-C.)

ŒUVRE DES TROIS « AVE MARIA »

1924

L'APOTRE

DES TROIS " AVE MARIA ,,

LE RÉVÉREND PÈRE JEAN-BAPTISTE DE CHÉMERY
(1861-1918)
d'après une photographie faite en 1902, date de la fondation du PROPAGATEUR
*et de l'*Œuvre *des Trois* AVE MARIA.

L'Apôtre des Trois "Ave Maria"

APERÇU HISTORIQUE
SUR LA VIE ET L'ŒUVRE

DU

R. P. JEAN-BAPTISTE DE CHÉMERY

FRÈRE MINEUR CAPUCIN

PAR LE

P. ÉDOUARD D'ALENÇON

DU MÊME ORDRE

« *Je me souviens d'avoir, dès le début de mon ministère, ambitionné le titre de Prédicateur de Marie* ».
P. JEAN-BAPTISTE

BLOIS (L.-ET-C.)
ŒUVRE DES TROIS « AVE MARIA »
1924

✠

« Pour la plus grande gloire de Dieu et pour l'honneur de la bienheureuse Vierge Marie, je rapporte ici les grâces et les faveurs du Ciel dont j'ai été comblé, afin que, ne les perdant jamais de vue, je m'efforce de m'en rendre moins indigne par une conduite vraiment sainte.

« Comment pourrais-je, ô mon Dieu, oublier tout ce que vous avez fait pour moi ? De toute éternité vous m'avez aimé d'un amour infini. Préférablement à tant d'autres, sans aucune coopération de ma part, vous m'avez fait naître dans un pays chrétien et de parents chrétiens. Peu après, dans le saint baptême, mon âme était régénérée par la vertu du Sang très précieux de mon Sauveur Jésus-Christ, qui, pour mon amour, s'est fait homme, le dernier des hommes, et enfin a bien voulu mourir sur une Croix.

« En devenant chrétien et enfant de Dieu, je reçus les noms bénis de Joseph, Marie, François : et, par le fait même, saint Joseph, la Très Sainte Vierge Marie et saint François devenaient mes modèles et mes protecteurs. Bien que ma conduite ait été si opposée à leurs exemples, ils n'ont pas cessé de me favoriser de leur protection, même lorsque, par mes désordres, je m'en rendais le plus indigne.

« O Marie ! ô Joseph ! ô François ! que de grâces vous m'avez obtenues, que de dangers vous avez éloignés de moi, de quels abîmes vous m'avez retiré ! Que ma langue se dessèche, que mon cœur cesse de battre, si jamais je venais à vous oublier. »

Ainsi s'exprimait, au lendemain de sa profession religieuse, le R. P. Jean-Baptiste de Chémery, dont nous allons essayer de retracer la vie et les œuvres (1).

____

(1) *Confessions, ou grâces et dates mémorables de ma vie.*

L'Apôtre des Trois " Ave Maria „

CHAPITRE PREMIER

L'ENFANCE ET LE SÉMINAIRE

Son pays, sa famille.

CHÉMERY est une paroisse de plus d'un millier d'âmes, dans le canton de Saint-Aignan, au diocèse de Blois. « C'est un pays riche et agréable. Les productions du sol sont abondantes et de bonne qualité. La pierre dite de Chémery est renommée. Ses vins peuvent rivaliser avec les vins du Cher » (1). Existe-t-il des analogies entre les productions du sol d'un pays et ses habitants ? Nous serions portés à le croire, car le P. Jean-Baptiste eut les bonnes qualités des produits du sol natal. Comme la pierre de Chémery, « pierre dure », il eut la fermeté de la volonté, et son cœur renferma toutes les ardeurs d'un vin généreux.

Si ses parents n'étaient que médiocrement pourvus des biens de ce monde — son père qui tenait un com-

----

(1) A. PINET. *Nouvelle géographie du département de Loir-et-Cher.* Paris, 1860.

merce de grains, faisait de plus valoir une petite terre et cultivait quelques vignes — en revanche, il avait reçu en abondance le « grand don de la foi ». Ils étaient chrétiens, dit-il simplement, et tous deux ils appartenaient à des familles où la religion était en honneur. Auguste Jousse, son père, avait quatre sœurs au monastère cloîtré du Verbe Incarné à Graçay, au diocèse de Bourges. Sa mère, Julie David, avait un frère prêtre et une de ses sœurs était religieuse de Bon-Secours à Paris.

Cinq enfants, trois garçons et deux filles, naquirent de cette union. Joseph était le troisième. S'il fut le seul que Dieu ait choisi pour son service, les autres marchent sur les traces de leurs parents : une fille de sa sœur aînée, religieuse de la Pommeraye, continue les traditions de la famille. Son autre sœur devait être la mère de la pieuse Germaine Hémery, la *petite Pâquerette du bon Dieu*, transplantée au ciel dans sa quinzième année.

Né le 8 avril 1861, il était baptisé dix jours après, par son oncle maternel, l'abbé Pierre David, alors curé de Saint-Romain, dont le nom reviendra plus d'une fois au cours de ces pages (1).

---

(1) L'abbé Pierre David, né le 8 novembre 1824, à Châteauvieux, avait été ordonné prêtre en 1848. Après quelques mois passés à Savigny, comme vicaire, il était nommé curé de Saint-Romain. Dix-sept ans plus tard, l'Evêque de Blois le transférait à Saint-Georges-sur-Cher, dont il fut le pasteur pendant un demi-siècle. L'oncle David, comme le nommait le P. Jean-Baptiste, est mort le 18 septembre 1914, à l'âge de quatre-vingt-dix ans, après soixante-six années de ministère sacerdotal.

Guéri par Marie.

L'enfance du petit Joseph fut marquée par une faveur signalée de la Très Sainte Vierge, qui semblait présager les desseins de la Reine du ciel sur lui. Une grave maladie l'atteignit à l'âge de sept ans : toux violente, vomissements continuels ne lui permettant de garder aucune nourriture, fièvre opiniâtre ; c'était la phtisie et la mort à brève échéance. Le médecin déclarait aux parents désolés qu'il avait perdu tout espoir de le sauver. Les remèdes étant inutiles, sa pieuse mère eut recours au ciel. On était au premier jour de mai 1868 : dans un élan de foi admirable, Mme Jousse, après avoir chaudement enveloppé son petit malade, le prend dans ses bras et le porte à l'église « aux pieds de la Sainte Vierge, en lui réclamant son secours, et celui de saint Joseph, que l'on n'invoque jamais en vain. » « Mes soupirs, écrivait-elle peu après, ont monté jusqu'au ciel, quoique j'en sois très indigne » (1). Une lueur d'espoir ne tarda pas à briller à ses yeux : pendant huit jours elle porta ainsi son enfant à l'autel de Marie, le lui consacrant si Elle le sauvait. Au bout de la semaine, il pouvait faire le chemin à pied, et, le 15, la fièvre avait complètement disparu. Bientôt il retrouvait sa bonne mine et recommençait à courir par la maison, qu'il remplissait de ses cris joyeux.

------

(1) Nous avons retrouvé dans les papiers du P. Jean-Baptiste une lettre de sa mère à laquelle nous avons emprunté ces détails. Il avait écrit au dos : « Lettre de ma mère relatant ma maladie et ma guérison réputée miraculeuse, à l'âge de 7 ans ».

Le vœu d'une mère.

On lit dans la vie de saint André Corsini que ses pieux parents l'ayant obtenu du ciel par leur prières, le vouèrent à la Sainte Vierge. Devenu grand et apprenant que ses parents l'avaient consacré à la Mère de Dieu, il renonça à la vie dissipée, et, ratifiant cette consécration, entra dans l'Ordre du Carmel. Le vœu de sa mère fut-il pour quelque chose dans la vocation de notre Joseph ? — Rien ne l'indique ; mais lui aussi ratifia son offrande, et, au souvenir de cette guérison, il s'écrie : « N'est-ce pas à vous particulièrement, Vierge bénie, que je suis, après Dieu, redevable de la vie, lorsque, tombé dans une maladie mortelle, je fus merveilleusement guéri par votre intercession. Ce fut alors que ma mère, dans sa reconnaissance, me consacra à Vous, à Vous qui, en me rendant la vie, deveniez ma seconde Mère selon la nature, en même temps que vous étiez mon unique Mère selon l'esprit. O Marie, ô ma Mère, je souscris de toute mon âme à cette consécration, et si, par le passé, je me suis rendu indigne d'être votre enfant, je vous le promets, ô Mère chérie, je m'appliquerai désormais de tout mon pouvoir à me rendre moins indigne d'être l'enfant d'une Mère telle que Vous. »

Rien de saillant pendant les années qui suivirent : elles s'écoulèrent pour lui, comme pour les garçonnets de cet âge, entre l'école et la maison paternelle. Aux premiers beaux jours, une de ses récréations favorites était la chasse aux nids, et ce lui était une grande joie que de rapporter des œufs, ou une couvée de petits oiseaux qu'il élevait avec amour.

Première Communion, Confirmation.

« Quelques années plus tard, écrit-il encore, le 23 mai 1872, j'avais le bonheur de recevoir pour la première fois le Pain de Vie, Jésus-Christ, mon Sauveur, vrai Fils de Dieu, et vrai Fils de Marie. Oui, c'est lui-même qui, dans toute la plénitude de son être, s'est alors, et depuis si souvent, donné à moi, qui ne suis qu'une vile créature, un misérable pécheur, un être néant. Grâces vous soient rendues, ô Dieu, très grand et très bon !

« Après ce bienfait de la première communion, je reçus le nouveau bienfait de la Confirmation des mains de Mgr de Charbonnel, évêque capucin » (1). C'était le 21 avril 1875 (2). Notre Joseph était alors en pension dans une famille de la petite ville de Saint-Aignan, chef-lieu du canton, où les Frères des Ecoles Chrétiennes dirigeaient une école florissante.

Regrets et actions de grâces.

En se remémorant les fautes de sa prime jeunesse,

____

(1) Ce vénérable prélat (1802-1891) avait quitté le siège de Toronto, au Canada, pour entrer chez les Frères Mineurs Capucins. Il portait alors le titre d'archevêque de Sozopolis. Ami fidèle de Mgr Pallu du Parc, évêque de Blois, auquel son âge ne permettait plus de fatigantes tournées de confirmation, bien que septuagénaire lui-même, il s'était fait son auxiliaire dévoué et déployait un zèle tout apostolique dans le diocèse. « Nos populations blésoises, lisait-on dans la _Semaine Religieuse de Blois_, au lendemain de sa mort, se rappellent encore ce bon évêque missionnaire, aux allures pleines de simplicité et de rondeur, et dont le dévouement et l'activité étaient infatigables » (4 avril 1891).

(2) Ce sont les dates que le Père a reproduites plusieurs fois dans ses cahiers. Les registres paroissiaux donnent le 30 mai pour la première Communion, et le 20 juin pour la Confirmation.

saint Augustin disait de lui-même : « Je n'étais qu'un tout petit enfant, et déjà un grand pécheur » *tantillus puer et tantus peccator* (1). Ce cri de remords de l'auteur des *Confessions* nous revenait à l'esprit en lisant dans le cahier de notre jeune Religieux l'expression d'une douleur semblable, au souvenir de cette période de sa vie. N'exagérons pas cependant le sens de ses paroles ; il écrivait au lendemain du jour béni de sa profession, où son âme, régénérée par cette grâce, comme dans les eaux d'un second baptème, regardait comme des crimes les moindres infidélités passées : « Hélas ! dit-il, je l'avoue à ma honte et à ma confusion, jusque là, ma vie n'avait été qu'une vie de péché et de dissipation. L'abîme dans lequel je m'étais moi-même plongé était si profond qu'il ne fallait pas moins d'un miracle de la grâce pour m'en retirer. Grâces en soient rendues à Dieu et à la Très Sainte Vierge ; ce miracle arriva, en même temps que, par un miracle non moins surprenant, j'étais favorisé de la vocation ecclésiastique, par l'intercession de Marie, ma bonne Mère, et de saint Joseph, qui, en cette circonstance, s'est visiblement montré mon protecteur spécial. »

Au petit Séminaire.

Bien des années plus tard il écrira que son oncle, l'abbé David, « n'avait pas été pour rien dans l'histoire de sa vocation sacerdotale » (2). Nous ne savons pas autre chose à ce sujet, sinon qu'après lui avoir enseigné

---

(1) *Confessions*, liv. I, ch. 12.
(2) *Propagateur des Trois Ave Maria*, 1908, p. 189.

les premiers éléments de la langue latine, le 2 octobre 1875, il le plaçait au petit Séminaire de Tours. « Pourquoi à Tours et non à Blois ? — se demande-t-il lui-même. — Vous seul le savez, ô mon Dieu, mais ce que je sais c'est que, dans votre Providence, vous m'avez ménagé à Tours plusieurs grandes grâces, que je n'aurais peut-être pas trouvées à Blois. »

Que, dès le principe, la conduite du jeune séminariste ait été bonne, nous le pouvons conclure des lignes suivantes : « Le 8 décembre 1875, fête de l'Immaculée Conception, j'étais admis dans la Congrégation des Saints Anges, ce qui devait être pour moi un moyen d'acquérir beaucoup de grâces ». Il ne démentit pas ces heureux commencements. « Deux ans plus tard, continue-t-il, à pareil jour, j'avais le bonheur d'être reçu Enfant de Marie, en entrant dans sa Congrégation, ce qui fut pour moi le principe de faveurs bien plus grandes encore, car c'est surtout à partir de ce temps que Marie montra visiblement qu'elle était ma Mère.

« Déjà cette bonne Mère m'avait donné une preuve de sa tendresse pour moi lorsque, quelque temps auparavant, le 17 septembre 1877, j'avais eu le bonheur de faire le pèlerinage de Lourdes. C'est dans ce pèlerinage en effet, aux pieds de sa statue, que la vue d'un Franciscain devait être le moyen dont Dieu et sa Très Sainte Mère se servirent pour m'inspirer d'entrer dans l'Ordre de saint François ».

Le Séminariste modèle.

N'anticipons pas sur les événements. Un des anciens condisciples de Joseph nous le dépeint ainsi : « Il fut toujours un séminariste modèle par sa régularité, son application au travail et sa piété. Je ne me souviens pas qu'il ait eu sur ces points quelque défaillance. Rien ne pouvait le faire dévier du droit chemin qu'il s'était tracé. Il possédait déjà quelque chose de cette tenacité dont il fit preuve toute sa vie.

« Et pourtant, l'épreuve ne lui manqua pas. Avait-il confié à quelque ami indiscret ses désirs de se faire Capucin, ou bien l'avait-on deviné en le voyant si mortifié ? Je ne sais. Toujours est-il qu'on le regardait déjà comme un futur disciple de saint François d'Assise, et que, « cet âge est sans pitié », on ne cessait de le plaisanter à ce sujet, parfois sans malice, mais d'autres fois assez peu charitablement. Pour lui, sans se laisser le moins du monde influencer par les taquineries dont il était l'objet, il restait toujours le même : aussi régulier, aussi pieux, aussi appliqué à tous ses devoirs. Je ne me rappelle pas l'avoir vu se fâcher des malices qui lui étaient faites ; il semblait plutôt en être heureux, à en juger par ce bon sourire avec lequel il les accueillait.

« Il ne m'est resté dans l'esprit nul souvenir de quelque fait particulier, relatif à ce temps de la vie du bon P. Jean-Baptiste. Je ne crois pas du reste qu'il présente à signaler autre chose que cette absolue fixité dans le bien, si rare dans le jeune âge, qui supposait une âme fortement trempée et déjà d'une vertu consommée. Je n'ai pas souvenir d'avoir connu parmi mes condisciples quelqu'un dont la bonne conduite ait été aussi ferme et aussi persévérante ».

Joseph Jousse avait débuté dans la classe de sixième.

Ses progrès, attestés par de nombreuses récompenses (1), étaient si satisfaisants, que l'année suivante, il entrait en quatrième, sans cesser pour cela d'être un des premiers élèves de sa classe. Le travail marchait donc de pair avec la piété. Il en était de même durant les vacances, qu'il passait à Chémery, sauf une semaine ou deux, pendant lesquelles il allait à Saint-Georges-sur-Cher, où son oncle David était alors curé.

En vacances.

Toujours levé de bonne heure, il commençait la journée par servir la messe, puis il revenait à la maison paternelle. Suivons-le dans sa petite chambre. Sur le panneau du haut de la porte, nous verrons une image d'un dessin assez primitif, exécutée par lui. Au milieu du triangle symbolique, figure de la Très Sainte Trinité, un œil grand ouvert, et, pour encadrement ces quatre sentences, écrites en gros caractères : DIEU EST PARTOUT — DIEU SAIT TOUT — DIEU VOIT TOUT — DIEU ME VOIT. C'était là, sous le regard de Dieu, qu'il employait le meilleur de son temps à faire ses devoirs de vacances. L'après-midi, il prenait quelque récréation dans un jardin, séparé de la maison par la largeur de la route. Sous un massif de noisetiers, il avait construit un rocher qui servait de trône à une statue de la Sainte

---

(1) Nous avons sous les yeux, grâce à une bienveillante communication, dont nous remercions M. le Supérieur du Petit Séminaire, la liste des accessits et des prix mérités par Joseph Jousse pendant ses classes. Il se distinguait dans toutes les branches : littérature française et latine, histoire et sciences, et principalement instruction religieuse. Enfin « les notes de conduite sont excellentes, la dernière année surtout ».

Vierge. Il aimait y faire de pieux pèlerinages, et, devant elle, se plaisait à réciter son chapelet.

Quand il sortait, nous racontent encore les témoins de sa vie à cette époque, le but ordinaire de ses pas était l'église ou le presbytère, si bien que son frère aîné, ne pouvant l'emmener avec lui pour se promener, lui disait souvent : « Tu ne sors jamais. Tu ne finiras tes jours que dans un couvent. » Il ne pensait pas être si bon prophète.

Voici, pour conclure ce que nous connaissons de la jeunesse du futur apôtre des *Trois Ave Maria*, le portrait que nous en trace, en quelques traits, son ancien curé, aujourd'hui Doyen de Mer : « C'était un jeune homme très sérieux, très humble, très pieux, et, ce qui étonnera peut-être ceux qui ne l'ont connu que plus tard, plutôt timide. »

Au Grand Séminaire.

Reprenons son cahier où nous l'avons laissé. Il venait de dire comment, le 17 septembre 1877, à Lourdes, il avait entendu la voix de Dieu qui l'appelait à la vie religieuse. « Ne pouvant, poursuit-il, répondre de suite à cette sainte vocation, j'entrai d'abord dans l'Archiconfrérie du Cordon de saint François, puis, le 6 juillet 1880, dans le Tiers-Ordre, à l'Oratoire de la Sainte Face, à Tours.

« Du Petit Séminaire je passai au Grand (octobre 1880), où je recevais la sainte tonsure, en la veille de la fête de la Très Sainte Trinité, le 11 juin 1881. »

Nous sommes heureux de pouvoir compléter ces quelques lignes trop brèves, sur son passage au Grand

Séminaire, par le bel éloge que nous a fait de lui un de ses anciens condisciples, auquel nous avions demandé s'il avait conservé quelque souvenir de cette époque. « Rien de particulier à signaler dans sa conduite, nous écrivait-il, sauf une parfaite régularité et une mortification sévère, qui perçait malgré le soin de son humilité pour la cacher. A son contact, on sentait un saint ».

CHAPITRE DEUXIÈME

NOVICIAT ET PROFESSION

Obstacles à surmonter.

COMME bien on pense, l'abbé Jousse s'était ouvert à son directeur de ses aspirations à la vie religieuse et franciscaine. Celui-ci n'avait trouvé d'objections à lui faire que du côté de la santé. Nous allons laisser encore notre postulant nous exposer la suite des événements. Pendant ses vacances, il s'était mis en relation avec le Père Maître des Novices, au Mans. La première lettre, où il lui manifestait son désir, ne nous est pas parvenue. Voici celles que nous avons pu retrouver :

« *Chémery, le 2 août 1881.*

« Mon Révérend Père,

« Si je ne vous ai pas répondu plus tôt, c'est que j'avais peur que ma lettre n'arrivât avant vous au Mans. D'abord permettez-moi de vous remercier d'avoir bien voulu vous charger de me donner les informations que je désirais, vous remerciant aussi à l'avance de ce que vous voudrez bien encore faire pour moi. Que Dieu et saint François vous le rendent !

« Au sujet des conditions que vous m'avez indiquées,

je puis vous dire, avec toute la modestie dont je suis capable, que si je ne les ai pas toutes, j'espère bientôt, avec la grâce de Dieu, posséder celles qui me manquent : conditions qui regardent la santé, les parents et Mgr l'Archevêque de Tours. Quant aux autres, comme celles de l'intelligence, du jugement, de la conduite, je puis vous dire que mes Supérieurs ecclésiastiques les ont trouvées assez satisfaisantes, puisqu'ils ne m'ont pas jugé trop indigne d'être admis à la Tonsure.

« Du côté de mes parents, il n'y a que la permission qui me fasse défaut. Mais je connais leurs sentiments ; s'ils ne consentent pas avec joie, ce qui serait peut-être trop leur demander, ils consentiront au moins avec résignation, ce qui suffit. J'en puis dire autant de la permission qu'il me faudra obtenir de Mgr l'Archevêque.

« Le grand obstacle viendra peut-être de ma santé, qu'un de mes Directeurs ne trouve pas tout à fait satisfaisante, et c'est ce qui l'a poussé à retarder mon entrée en religion jusqu'au commencement d'octobre. Toutefois, avec le consentement du médecin, qu'il m'a conseillé de consulter, je pourrais partir auparavant. Si celui-ci faisait des difficultés, je le prierais de me déclarer ce qui manque à ma santé, et comme, le 29 août, il y aura un pèlerinage de Tours à Lourdes, j'irai demander à Notre-Dame ce dont j'ai besoin. J'aurai d'autant plus de confiance de l'obtenir, que je suis persuadé que c'est d'Elle que je tiens ma vocation religieuse, que dans sa bonté pour moi, Elle a bien voulu m'inspirer, à ses pieds, devant sa grotte chérie, lorsqu'il y a quatre ans, j'ai eu le bonheur de faire pour la première fois ce beau pèlerinage.

« J'espère donc réunir, dans un prochain avenir, toutes les conditions désignées, et entrer en religion vers la mi-septembre, si toutefois vous ne dédaignez pas de m'admettre. Dans le cas où vous auriez assez de charité pour me recevoir, où irai-je ? — Au Mans ? — Je croyais qu'il n'y avait plus de noviciat en France et que je serais obligé d'aller à l'étranger pour trouver une de ces maisons bénies, dont je pourrais dire avec le prophète royal : *Hæc requies mea, hic habitabo quoniam elegi eam* (1). Veuillez avoir la charité de me faire connaître ce qu'il en est, en indiquant où me rendre, dans le cas où je ne ferais pas mon noviciat au Mans.

« Daignez, mon Révérend Père...

JOUSSE Joseph,
Enfant de Marie et de saint François.

La Sainte Vierge fait disparaître toutes les difficultés.

« *Chémery, le 4 septembre* 1881.

« Mon Révérend Père,

Grâces soient rendues à Notre-Dame de Lourdes. C'est à Elle que je dois l'inspiration de ma vocation religieuse ; c'est encore à Elle que j'en devrai l'accomplissement. Car c'est à Lourdes même que la plus grande difficulté s'évanouit, celle qui regardait ma santé. C'était, du reste, l'unique but que je me proposais en entreprenant ce pèlerinage, dont je suis revenu hier.

______

(1) C'est ici le lieu de mon repos ; j'y habiterai parce que je l'ai choisi. (*Psaume* 131, v. 14.)

Mes vœux ont été exaucés. Voici comment. Après avoir prié d'abord avec toute la ferveur dont j'étais capable, aux pieds de l'Immaculée-Conception, et lui avoir demandé avec instance d'écouter favorablement ma prière, je me suis mis à la recherche d'un médecin catholique, homme de conscience, qui pût me dire avec franchise si vraiment j'avais la santé nécessaire pour suivre le régime des Capucins. Ce médecin, je l'ai trouvé par l'entremise des Pères Tertiaires de Lourdes, et j'ai eu la joie de l'entendre se prononcer favorablement. Vous dire tout le contentement que j'en ai ressenti est impossible, d'autant plus que je pouvais m'attendre à une réponse contraire. Joignez-vous donc à moi, mon Révérend Père, pour remercier notre bonne Mère du ciel. Je l'ai déjà fait, je le ferai encore, mais ce ne sera pas trop que vous m'aidiez.

« Ainsi donc, à bientôt ; pour le 17 de ce mois au plus tard. Daignez me faire savoir si, en entrant ce jour-là, je pourrais prendre l'habit le 4 octobre. Je serais heureux que cela pût se faire ainsi. D'ailleurs je renonce d'avance à ma volonté propre ; faites comme il vous semblera bon.

« Je dois vous dire aussi que j'ai écrit de Lourdes à mes parents, pour leur annoncer la nouvelle heureuse (pas pour eux) de ma prochaine entrée chez vous. Maintenant, me voici au milieu de ma famille, et j'ai déjà eu à subir les attaques et les contradictions d'un des miens. Je venais de lire le récit de l'entrée en religion de sainte Claire et de sa sœur sainte Agnès, et de la persécution qu'elles eurent à souffrir de la part de leurs parents. Inutile de vous dire que la lutte a été moins tragique, mais j'étais prêt cependant à subir l'épreuve jusqu'au bout. En moins d'une demi-heure, tout était terminé, mon adversaire réduit au silence, et je lui ai dit adieu ce matin.

« Ma lettre avait fait jeter des hauts cris à ma mère et à mes frères et sœurs. Bien que désolée et les larmes aux yeux, ma mère ne m'a fait entendre aucune plainte. Il n'y a pas eu de difficultés du côté de mon père.

« Il me manque encore la permission de Monseigneur. Je la lui aurais déjà demandée s'il avait été à Tours. Il ne reviendra que le 8 de ce mois ; j'irai le trouver le 10, sûr à l'avance de l'obtenir, parce que je suis certain de la protection de Marie.

« Si vous avez à cet égard, comme à d'autres que j'ignore, des conseils que vous croiriez profitable de me donner, je vous prie, par la charité de Notre-Seigneur et de notre Séraphique Père, de le faire au plus tôt. Encore une exigence et une marque d'impatience ; je vous confesse humblement que j'ai beaucoup à faire sous ce rapport. Espérons que vos bons conseils et vos corrections finiront par triompher de ma mauvaise nature...

Consentement de l'Archevêque de Tours.

« *Chémery, le 11 septembre* 1881.

« Mon Révérend Père,

Dieu soit béni ! Bénie soit son Immaculée Mère, qui est aussi la nôtre ! Le dernier obstacle qui m'arrêtait s'est évanoui. J'ai la permission de Monseigneur. Il est vrai qu'il me semblait ne consentir qu'avec regret, mais enfin le principal est qu'il m'ait accordé ce que je lui demandais. Ainsi donc plus rien ne me retient ; quelques jours encore et je serai avec vous. Quelle grâce, grand Dieu ! Tout ce que je crains maintenant, c'est de ne pas y correspondre fidèlement ; car, disait un saint, ce que je crains surtout, c'est la grâce. J'espère cependant, avec le secours de Celle qui a déjà tout fait en faveur de ma vocation, j'espère, dis-je, de ne pas la recevoir en vain.

« Une chose m'a procuré beaucoup de consolation ; c'est presque toujours le samedi, jour consacré à Marie, que j'ai reçu les principales grâces relatives à ma vocation, et ce sera encore un samedi que j'entrerai dans votre sainte maison. La Sainte Vierge ne semble-t-elle pas prendre ainsi toute ma vie religieuse sous sa puissante protection. Qu'Elle en soit à jamais bénie ! J'irai donc samedi prochain vous trouver. J'attends avec la plus grande impatience le bienheureux moment où j'aurai le bonheur inestimable de jouir de votre aimable société. J'ose me dire à l'avance votre fils et frère en Notre-Seigneur et en saint François ».

Nous croyons devoir donner aussi la lettre du vénérable archevêque de Tours, Monseigneur Collet, de pieuse mémoire ; elle montre, et sa sollicitude pour le séminariste dont il se séparait et son désintéressement. Il aurait pu, pour le retenir, invoquer des droits sur l'abbé Jousse ; mais il savait qu'il n'appauvrissait pas son clergé en donnant un de ses enfants à la vie religieuse.

« *Tours, 24 septembre* 1881.

« Mon Révérend Père,

« Lorsque M. l'abbé Jousse est venu m'entretenir de

son projet d'entrer à votre noviciat, je lui ai fait observer qu'il me sera désormais impossible de délivrer un certificat d'études ecclésiastiques, pour les dispenser du service militaire, à des sujets faisant leurs études hors de mon Grand Séminaire. Agir autrement serait me compromettre sans aucun résultat. Je crois devoir, pour la décharge de ma conscience, vous mettre au courant de la situation sous ce rapport. Je ne connais rien d'ailleurs qui puisse mettre obstacle à ce que vous donniez à ce postulant le saint habit de votre Ordre.

« Agréez, mon Révérend Père, l'assurance de mes sentiments respectueux.

CHARLES, Arch. de Tours.

Notre séminariste se préoccupait assez peu de cette question de service militaire. Il avait confiance que Dieu y pourvoirait. « Du reste, disait-il, s'il en est besoin, je puis présenter un cas de réforme, par suite de ma vue qui est faible, ce qui m'oblige à porter continuellement des lunettes ». Pour ce motif ou pour un autre, il ne fit point de service militaire.

Entrée au Noviciat.

Avec la protection de Marie, tout s'arrangea comme le pieux jeune homme le désirait. « Le samedi, 17 septembre 1881, écrit-il encore, quatrième anniversaire de mon premier pèlerinage à Lourdes, et, en même temps, fête des Stigmates de saint François, j'entrais au Noviciat du Mans. Jour mille fois heureux, qui mettait le comble à mes vœux les plus ardents ! jour mille fois béni, où j'entrai dans ce saint Ordre, qui a pour patronne spéciale la Vierge Marie, sous le vocable de l'Immaculée Conception.

« Désormais, je ne devais plus être le même, et, comme signe de ce changement intérieur, je changeai mon nom de Joseph en celui de Jean-Baptiste. Sans abandonner l'autre, j'acquérais ainsi un nouveau patron. Cependant il manquait encore quelque chose à mon bonheur pour être complet. C'était d'abord la prise d'habit. Elle eut lieu le 4 octobre, en la fête de mon Séraphique Père. Qui pourrait dire les douces émotions que mon cœur éprouva lorsque, dépouillant les livrées du siècle, je me suis revêtu, pour la première fois, du saint habit de la pénitence, après lequel j'avais tant soupiré ».

Fervent novice.

Dans les nombreux papiers du P. Jean-Baptiste, nous n'avons rien retrouvé qui se rapportât à son noviciat. Il nous est donc impossible de le suivre dans cette œuvre de transformation, dont il parle. Mais nous pouvons être assurés qu'il y apporta l'ardeur et la ténacité qu'il mettait en toute chose. Nous avons interrogé plusieurs de ceux qui furent ses compagnons pendant cette année de probation. Il ne leur est resté d'autres souvenirs que celui d'une grande régularité et d'une fidélité exemplaire aux saints usages du noviciat.

Durant quelques mois, il fut investi de l'autorité de *frère majeur*. C'est le nom qu'on donne au novice auquel il appartient, en l'absence du P. Maître, de présider aux exercices et de donner les nombreuses petites permissions que doivent demander les novices.

En vertu de ses fonctions, il se considérait comme chargé de donner l'exemple et de veiller à l'exécution du règlement, ce qu'il faisait, nous dit-on, avec une rigueur quelque peu excessive.

En dehors de cela, rien d'extraordinaire dans sa conduite. N'en soyons pas surpris : le premier devoir du novice n'est-il pas d'éviter toute singularité, et sa perfection ne doit-elle pas consister en une application constante aux obligations communes à tous ? S'il se veut distinguer de ses frères, il n'a pas le droit de le faire autrement qu'en étant plus parfait que les autres dans l'accomplissement des choses ordinaires. D'ailleurs, c'était bien ainsi que l'entendait l'éminent religieux auquel était alors confiée la formation des novices.

Son Père Maître.

C'était le T. R. P. Prosper de Martigné, que l'on a dépeint en deux mots : « Il était une incarnation vivante de la Règle ». Tous ceux qui l'ont connu, ceux surtout qui ont eu le bonheur d'être formés par lui, souscriront à ce jugement, et tous aussi pourraient dire « les saints encouragements reçus de ce guide si sûr dans sa doctrine, la guerre à outrance contre l'amour-propre et la mort quotidienne au moi toujours si vivace. Les âmes qu'il adoptait, il les voulait à son image, grandes, fortes, crucifiées » (1).

Que pensait-il de son novice ? — Nous ne le pouvons dire, mais nous croyons qu'il en augurait bien, en

______

(1) P. Césaire de Tours. *Notice biographique sur le T. R. P.* Prosper de Martigné. Paris, 1902, pag. 28, 29.

voyant les généreuses dispositions dont il était animé, jointes à une fermeté de caractère, qui annonçait que l'avenir répondrait au présent, et que le fervent novice deviendrait un religieux fortement attaché à sa vocation, et fidèle aux enseignements reçus pendant son noviciat.

Ce que nous savons, c'est le souvenir ineffaçable que le P. Prosper avait laissé dans l'âme du P. Jean-Baptiste. Quelques années plus tard, au mois d'octobre 1886, il commençait ses notes de retraite en remerciant la Très Sainte Vierge des grâces reçues jusque là par son entremise, et en lui demandant de bénir ces exercices. « Déjà, écrivait-il, je vois que vous voulez bien faire de votre côté tout ce qui est en vous, en nous envoyant pour prédicateur de cette retraite mon bien-aimé et saint Père Maître. Personne mieux que lui ne me paraît plus apte à faire impression sur moi et à diriger mon âme dans les voies du bien et de la perfection ».

La Profession.

L'année de probation achevée, notre pieux novice était admis, à l'unanimité des voix, à faire sa profession, au jour anniversaire de sa prise d'habit, le 4 octobre 1882. Ecoutons-le nous dire son bonheur. « Enfin, après avoir été comblé de grâces, de faveurs et de consolations pendant tout le temps de mon noviciat, grâce à la protection de ma bonne Mère du ciel, le jour le plus beau, le plus heureux de ma vie arriva, ce jour où, brisant entièrement les liens qui me retenaient encore au monde et m'empêchaient d'être tout à Dieu, où renonçant à moi-même, je fis le vœu d'être à Lui sans partage, à Lui pour toujours, en Lui promettant d'observer toute ma vie la règle des Frères Mineurs, vivant en obéissance, sans propre et en chasteté. Oui, je le reconnais, je ne méritais pas une aussi grande grâce. Fasse le ciel que je n'oublie jamais les engagements sacrés que je pris alors. Fasse le ciel que je meure plutôt que d'en violer un seul. Seigneur, Seigneur, accordez-moi cette grâce ! Marie, ma bonne Mère, je la demande par votre intercession ! Saint François, mon séraphique Père, accordez-moi la grâce de rester toujours votre digne enfant, ou plutôt de le devenir et persévérer toujours dans la bonne voie. »

Chapitre troisième

LE JEUNE PROFÈS
TRAVAIL DE SANCTIFICATION

Le couvent de Budel.

LES expulsions des religieux, au mois de novembre 1880, n'avaient pas eu de durables conséquences ; peu à peu, les couvents s'étaient repeuplés, la vie régulière y avait été reprise. Toutefois, si le noviciat avait été maintenu au Mans, les Supérieurs avaient cru devoir chercher à l'étranger des refuges plus assurés pour les jeunes profès, aspirant au sacerdoce, afin de leur permettre de vaquer en toute liberté à leurs études et au travail de leur formation religieuse et sacerdotale. Au lendemain des expulsions, ils avaient été dispersés par groupes, d'après les cours qu'ils suivaient, en diverses provinces étrangères. Cet état de choses ne pouvait durer, la division avait de nombreux inconvénients, et il fallait aussi préparer un asile facilement abordable pour les nouveaux profès, à leur sortie du noviciat.

Le T. R. P. Arsène de Châtel, ministre provincial, s'en occupait activement, et, après de patientes recherches, il finit par trouver un endroit favorable pour y établir un couvent d'études. Dans le courant de l'année 1882, il faisait l'acquisition d'une grande maison bourgeoise avec potager, le tout formant un bel enclos, à une extrémité du village de Budel, en Hollande, dans le Brabant septentrional. La maison et ses dépendances furent transformées en couvent régulier ; on construisit une chapelle ; rien ne manquait, dans cette installation provisoire, de ce qui était nécessaire à la vie régulière d'une communauté nombreuse. Pendant l'été, tous les exilés s'y trouvaient réunis, et, bientôt, ils étaient rejoints par un premier groupe de jeunes profès.

Le lendemain de sa profession, le F. Jean-Baptiste partit donc pour Budel, où il arrivait le 7 octobre. C'était encore un samedi, circonstance qu'il n'omet pas de noter.

Les Constitutions de l'Ordre prescrivent que les clercs, qui se destinent au sacerdoce, feront trois ans de philosophie avant d'être admis à suivre les cours de théologie, dont l'étude se continue pendant quatre autres années, deux pour le dogme et deux pour la morale. Comme notre nouveau profès avait déjà fait sa philosophie au Séminaire, au bout d'un an il passait en théologie dogmatique.

Règlement de vie.

Nous ne dirons rien de ses études scolastiques. Il les fit avec une application soutenue et des progrès satisfaisants. Il n'oubliait pas qu'il devait se préparer à la vie apostolique du missionnaire, aussi regardait-il comme s'adressant à lui-même, la parole que Dieu faisait dire à ses ministres par un de ses prophètes : « La science doit résider sur les lèvres du prêtre et sa bouche enseigner la loi, car il est l'envoyé du Seigneur » (1). Toutefois il se donnait garde, selon la recommandation de saint François, « d'éteindre en lui l'esprit de sainte oraison et de dévotion, comme il est contenu dans la Règle ». Nous en avons une preuve dans le *Règlement de vie pour le temps des Etudes*, qu'il se traçait dans les premiers mois de son arrivée à Budel.

Nous savons fort bien qu'il ne faut souvent attacher que peu d'importance aux écrits de ce genre. S'il est facile de prendre de généreuses résolutions, au lendemain de sa profession, alors que l'âme est encore toute inondée des grâces reçues en ce jour, il est plus difficile d'y demeurer longtemps fidèle et de les observer sans défaillance. Cela suppose un effort continu et renouvelé chaque jour, effort d'autant plus méritoire qu'il a pour objet des pratiques que nous appellerions secondaires, si elles n'avaient pour but la sanctification d'une âme religieuse, obligée de tendre à la perfection. Avec notre jeune étudiant, tel que nous l'avons alors connu, nous n'hésitons pas à nous servir de ce cahier et de ceux qui lui font suite. Ses résolutions n'étaient pas de simples velléités, que l'on confie au papier dans un moment de ferveur ; non, il s'efforçait de les mettre en pratique et de les traduire en actes.

Son Règlement de vie commence par les *Confessions ou grâces et dates mémorables* de sa vie, auxquelles nous avons fait de larges emprunts. Vient ensuite une

____

(1) MALACHIE, II, 7.

Dédicace à la Vierge Immaculée, que nous croyons devoir reproduire. C'est la première expression écrite, que nous ayons, de son amour et de sa confiance en Marie.

« Vierge sainte, ô ma Mère, je dépose à vos pieds ce petit règlement de vie, comme un hommage faible, il est vrai, mais sincère de l'amour que je vous dois. C'est sous votre protection que je l'ai rédigé ; c'est encore sous votre protection que je veux le mettre en pratique. Vous êtes ma Mère, je suis votre enfant. Vous êtes toute puissante, je suis la faiblesse même. Secourez-moi donc, ô ma douce Espérance. Tout mon espoir est en vous, ne permettez pas qu'il soit confondu ».

Il serait fastidieux de donner toutes les pages de ce règlement, qui entre dans tous les détails de la vie quotidienne d'un étudiant capucin. Le F. Jean-Baptiste se prescrit des pratiques nombreuses, trop nombreuses même, dirions-nous, depuis son réveil jusqu'à son coucher et pour le lever du milieu de la nuit ; il détermine les intentions qui le doivent animer dans toutes les observances régulières, au chœur comme au réfectoire, en cellule, où il est seul, et dans les rapports avec ses frères ; pendant la prière liturgique et durant l'oraison, dans l'étude ainsi que dans les divers travaux manuels qui lui seront demandés. Tout est prévu et réglé avec minutie.

Un monstre à combattre.

Il est une page cependant que, malgré son caractère intime, nous ne croyons pas devoir omettre, parce qu'elle nous fait pénétrer dans l'intérieur du Frère, en nous découvrant l'idée qu'il avait de lui-même. On rapporte que le philosophe païen, Socrate, avait fait sa maxime favorite de cette sentence qui se lisait au frontispice du temple de Delphes : « Connais-toi toi-même ». Saint Augustin demandait souvent à Dieu la grâce de le connaître et de se connaître lui-même. C'est que si la connaissance de soi est la base de toute philosophie, elle est plus encore le fondement nécessaire de toute sanctification. Nous estimons, par ailleurs, que ce n'est pas diminuer les saints que d'exposer les difficultés contre lesquelles ils eurent à lutter pour arriver à le devenir. La vie spirituelle est un combat, et tout combat suppose un adversaire dont il importe de triompher. Nous ne prétendons pas que notre héros soit parvenu à la sainteté. Il suffit à sa louange que nous puissions dire qu'il a travaillé dans ce but avec courage et persévérance. Le bon religieux n'est pas seulement celui qui est arrivé à la perfection ; le nombre en serait trop petit ; mais encore celui qui se propose d'y parvenir et en prend les moyens. Écoutons-le donc nous exposer ce qu'il nomme le point capital de cette œuvre de sa sanctification.

« Je dois, je veux et, avec la grâce de Dieu, et la protection de la bienheureuse Vierge Marie, je puis être et je serai un parfait et un saint religieux. Mais, pour en arriver là, il faut absolument que je renverse l'obstacle qui, tant qu'il ne sera pas surmonté, s'y opposera toujours. Cet obstacle, c'est mon défaut dominant, et ce défaut dominant est l'amour propre, qui se traduit par une trop grande estime de moi-même, qui me fait me croire meilleur que je ne suis, ou meilleur que les

autres ; — par l'attachement à mes idées et à mes sentiments ; — par la crainte de perdre l'estime des hommes
et d'être méprisé ou traité par eux comme je le mérite ;
— par la recherche de ce qui me plaît et la fuite de ce
qui me coûte, etc. Il faut donc absolument que je tra-
vaille de tout mon pouvoir à la destruction de ce
monstre. Pour cela, je dirigerai contre lui toutes mes
vertus du mois, toutes mes oraisons et mes résolutions
de tous les jours. Je me proposerai également la
même fin, ordinairement du moins, dans mes communions et mes prières. Enfin je prendrai pour aide dans
cette lutte quotidienne la Très Sainte Vierge Marie, qui
est la patronne de ma sanctification ».

Dévotion à la Très Sainte Vierge.

Marie, c'est toujours à elle qu'il a recours, et, en tête
de tous ses cahiers, il écrit ces mots de saint Bernard :
« A Jésus par Marie », *ad Jesum per Mariam*. Cela
nous amène à rechercher dans son Règlement le chapitre
qui a trait à la *Dévotion à Marie*. Voici ce qu'il écrit à
ce sujet :

« Persuadé qu'une tendre dévotion envers Marie est
le gage le plus assuré de ma persévérance dans le bien
et dans la sainteté de ma vocation, je m'appliquerai de
tout mon pouvoir à acquérir pour cette bonne Mère la
plus tendre, la plus filiale dévotion. Pour cela je ne me
donnerai pas de repos que je n'aie obtenu cet amour
tendre et affectueux que les saints, les plus dévôts à son
culte, ont eu pour Elle.

« Je lui prouverai mon amour d'abord, en l'aimant

de tout mon cœur, et en ayant pour Elle toute la tendresse d'un enfant pour sa bonne mère. Je l'invoquerai souvent sous ce titre et me rappellerai les bienfaits sans nombre que j'ai reçus de sa bonté.

« Je la ferai aimer et honorer des autres, autant qu'il dépendra de moi. Je parlerai d'Elle aussi souvent que possible en récréation, et, dans toutes mes lettres, je dirai quelque mot à sa louange ; au moins son nom béni devra-t-il toujours s'y trouver. Quand je l'entendrai prononcer, je ferai une inclination de tête. Je le baiserai avec amour quand je le rencontrerai dans mes lectures. Je recueillerai avec respect pour les mettre en lieu honnête, tous les débris de papier où se trouvera écrit ce nom béni entre tous (1). J'aurai, dans notre cellule, une image ou une statuette de cette bonne Mère que je baiserai souvent avec affection. J'honorerai ses statues et ses images par une inclination et la récitation de l'*Ave Maria*. Je la prends pour toujours comme patronne principale de ma sanctification, de mes études, de ma santé. Je recourrai à Elle avec la plus entière confiance dans tous mes besoins spirituels et temporels, car Elle est et sera toujours ma principale Avocate et mon unique Espérance.

« Je lui consacrerai tous les jours le temps libre d'une heure et demie à deux heures (2), sauf de très rares

---

(1) Notre dévôt serviteur de Marie imitait en cela ce que saint François dit dans son *Testament* du Très Saint Nom du Seigneur et de ses paroles écrites : « Partout où je les trouverai en des endroits peu convenables, je veux les recueillir et je prie qu'on les recueille, pour les placer en un lieu honnête ».

(2) Dans le règlement des couvents, la demi-heure qui sépare la récréation et la récitation des vêpres est un temps de grand silence, afin de

exceptions et pour des motifs sérieux. Voici comment je passerai ce temps. J'irai au chœur, où, après une courte adoration au Saint Sacrement, je ferai une lecture pieuse sur la Très Sainte Vierge ; ensuite je réciterai en son honneur les prières : *O ma Souveraine* et le *Souvenez-vous,* avec une antienne à saint Joseph et une à saint François. L'intention de ces prières sera d'obtenir la grâce de persévérer dans la sainteté de ma vocation. Ensuite je dirai la *Couronne franciscaine des sept allégresses,* de telle sorte que la première dizaine soit pour l'Eglise ; la seconde pour la France ; la troisième pour mes parents ; la quatrième pour les âmes du Purgatoire ; la cinquième pour la conversion des pécheurs ; la sixième pour ma communauté ; et la dernière pour l'Ordre et ma Province. Les prières qui suivent seront pour le Souverain Pontife.

« Si je le puis, je dirai le Rosaire, deux, ou au moins une fois par semaine. En outre, j'invoquerai continuellement ma bonne Mère, en récitant, le plus souvent possible, l'*Ave Maria,* pour lequel j'aurai beaucoup de dévotion à cause du plaisir qu'il lui cause. Enfin je ferai en sorte que son nom béni soit sans cesse sur mes lèvres et encore plus dans mon cœur. En récitant l'office en son honneur, je me proposerai les quatre intentions marquées dans la *Conduite intérieure* (1) et je

----

permettre aux religieux, qui en éprouvent le besoin, par suite du lever au milieu de la nuit, de prendre un peu de repos. Les autres peuvent employer ce temps comme bon leur semble ; pour les étudiants c'est le seul moment de la journée où ils aient cette liberté, et beaucoup le consacrent à leurs exercices particuliers de dévotion.

(1) La *Conduite intérieure pour toutes les actions de la journée* est un petit livre, composé au XVIIe siècle, par le P. Joseph Dreux, que l'on

méditerai les mystères de sa vie, ses vertus, ses privilèges, etc.

« Afin de mieux m'assurer sa maternelle protection, je ne manquerai jamais de m'acquitter des pratiques suivantes : Communier tous les quinze jours en son honneur, le samedi, s'il est possible, ou le dimanche (1), dans le but d'obtenir la grâce de correspondre à la sainteté de ma vocation par une vie vraiment parfaite. — Honorer son Immaculée Conception d'une manière spéciale, en reconnaissance des bienfaits que Notre-Dame de Lourdes m'a accordés relativement à ma vocation ; et, à cet effet, là fête de l'Immaculée Conception sera ma fête de prédilection. J'aurai soin de m'y préparer par tous les moyens possibles et principalement en récitant, tous les jours de la semaine préparatoire, le *petit office de l'Immaculée Conception*. Pénitences, actes de vertus et de mortification, prières, en un mot je n'épargnerai rien pour l'honorer dignement. — Tous les jours je réciterai le *petit chapelet de l'Immaculée Conception* et dirai neuf fois à sa louange cette bénédiction que j'accompagnerai d'autant de génuflexions : « Bénie soit la sainte et Immaculée Conception de la

---

remet à tous les novices, le jour de leur prise d'habit, pour leur apprendre à sanctifier leurs actions. Les intentions indiquées sont exprimées dans la prière suivante : « Sainte Vierge, je vais réciter l'Office institué en votre honneur, pour vous donner des marques de la joie que je ressens de ce que vous êtes élevée au-dessus de toutes les créatures, — en reconnaissance de ce que vous avez daigné me prendre sous votre protection, — et pour obtenir du ciel la grâce de faire une bonne mort, — et tout ce qui est nécessaire pour vivre en bon religieux ».

(1) Les usages du noviciat et de l'étude, à cette époque, n'accordaient que trois ou quatre communions par semaine.

« Bienheureuse Vierge Marie. » — Tous les samedis je réciterai en son honneur le même petit office. — De plus je l'invoquerai souvent sous ce titre en répétant, par exemple, *Regina sine labe concepta, ora pro nobis.* — Je porterai également le scapulaire de l'Immaculée Conception. — Dans mes communions je demanderai souvent un plus grand amour pour cette bonne Mère. — Je prierai aussi pour l'extension de son culte, le samedi principalement. — Je ne devrai jamais oublier d'offrir mes actions par ses mains, en union avec celles qu'Elle faisait sur la terre et aux intentions de son Très Saint Cœur. — Je n'oublierai également pas de lui demander sa bénédiction, avant tout travail ou exercice. — Aux repas, je laisserai toujours quelque chose pour l'amour de Jésus-Christ et de Marie et ferai d'autres mortifications en son honneur, surtout le samedi. — Avant chaque mois de Mai, je mettrai par écrit, et fera approuver par mon Directeur, ce que je me proposerai de faire pour l'honorer d'une manière plus spéciale. — Avant tout et par dessus tout, je m'efforcerai d'imiter ses admirables vertus et particulièrement sa parfaite pureté, sa profonde humilité, son amour pour Jésus, etc. »

On le remarquera peut-être avec surprise, les trois *Ave Maria* ne sont même pas mentionnés dans ces pratiques de piété envers la Très Sainte Vierge. C'est que le futur apôtre de cette dévotion ne la connaissait pas encore, ou du moins n'en avait pas éprouvé la merveilleuse efficacité, comme nous le dirons ailleurs.

Au bout d'un an.

Les citations qui précèdent suffisent pour donner une idée des résolutions de notre jeune religieux. Les prendre était fort bien, mais tout autre peut en faire autant ; le principal était de les tenir. Au bout d'un an, il faisait, à l'occasion de la retraite, un examen détaillé de sa vie depuis sa profession, et, prenant son Règlement, il se demandait comment il l'avait observé. « Grâce à Dieu, écrit-il, il est encore entier dans son ensemble ; cependant que d'infidélités, que de manquements dans les détails ».

Il commence par confesser humblement n'avoir pas assez travaillé à combattre son défaut dominant, en particulier pour ce qui concerne l'attachement à ses idées. Puis, article par article, il marque par des chiffres, dont 6 est le maximum, les notes qu'il croit mériter. Il n'y a pas un seul 6, les 5 ne manquent pas, mais il y a des 4 et aussi des 2, en particulier pour ce qui a trait à son caractère tenace et entier.

De là venait une combativité qu'il avait peine à réprimer, des discussions passionnées, quand il se trouvait en face d'opinions qu'il ne partageait pas, et même en présence d'ordres qui ne cadraient pas avec sa manière de voir. Ses anciens condisciples du Séminaire n'auraient pas reconnu le timide adolescent de jadis.

« Sans vouloir excuser ce qu'il a si hautement condamné lui-même, disons, pour n'en parler jamais » (1) que ce sera toujours le côté faible, et que toujours il

_____

(1) BOSSUET, *Oraison funèbre du Grand Condé*.

aura à lutter sur le terrain de la soumission du jugement. Il pourra même subir des défaites, qui n'échapperont point aux yeux de ses frères ; mais si les hommes ont pu en voir quelques-unes, combien, par contre, Dieu n'aura-t-il pas compté de victoires demeurées secrètes ? Il n'arrivera cependant pas au triomphe complet et décisif ; il mourra les armes à la main, sans les avoir déposées jamais, car jamais il ne connut le découragement en face d'un but à atteindre.

On trouvera peut-être que nous insistons trop sur ce point. Pour être vrai, nous ne pouvions taire ces choses, et, puisqu'il nous en donnait le moyen, nous avons cru préférable de laisser le P. Jean-Baptiste nous faire sa confession, que de paraître le charger nous-mêmes. Nous ajouterons, comme on le verra plus tard, que cette ténacité, qui, en certains cas, put être excessive, le servit à point dans l'accomplissement de la mission que Dieu lui réservait, nous voulons dire la propagation de la dévotion aux *Trois Ave Maria*. Faut-il donc la taxer de défaut? Soit. Mais, à tout prendre, ne vaut-il pas mieux avoir le défaut d'une qualité que de ne la point avoir ?

Revenons à l'examen de conscience de notre bon Frère. Une règle de théologie morale prescrit au confesseur d'ajouter foi à ce que le pénitent peut dire à son avantage, comme au mal dont il s'accuse. *Pœnitenti tam pro se quam contra se credendum est.* Mettons-la en pratique. Nous avons entendu l'aveu, écoutons-le remercier Dieu de ce qu'il n'a pas conscience d'avoir, pendant toute cette année, « commis un seul péché véniel de propos délibéré ».

Esclave de Marie.

Il est encore un détail de cet examen que nous voulons reprendre. Pour la *Dévotion à Marie* il marque la note 5 et ajoute : « Il est vrai que je l'aime beaucoup, ma bonne Mère ; mais je ne l'aime pas encore autant que je devrais et je ne m'efforce pas assez d'imiter ses vertus ».

Le 8 décembre 1882, il lui avait fait, à l'exemple du B. Grignion de Montfort, la donation totale de sa personne et de ses mérites, afin qu'elle en disposât, suivant son bon plaisir, pour la plus grande gloire de Dieu. « Puisque, concluait-il, tout ce que je suis et tout ce que j'ai lui appartient, je me regarderai désormais comme son esclave et j'agirai en conséquence ». A sa retraite de 1883, il formait la résolution de renouveler, chaque jour, cette consécration à Marie, en récitant, dans ce but, la prière de saint Louis de Gonzague : *O Domina mea*, et en répétant souvent cette invocation : « Marie, ma bonne Mère, je me donne tout à vous ». Depuis lors, il ajoutait à sa signature le titre d'esclave de Marie, *Mariæ servus*.

Secret de sainteté.

Dans la même retraite il adoptait pour devise la parole de saint Bernard, que nous avons rapportée : « A Jésus par Marie ». Il la nommait son *Secret de sainteté* et écrivait un commentaire fort long sur ce qu'il entendait par là. Nous n'allons pas le suivre ; non pour cacher son secret, mais parce que lui-même, au bout d'un an, déclarait qu'il ne lui avait pas apporté tous les avantages qu'il en espérait. C'était, sans doute, « parce qu'il ne l'avait pas assez mis en pratique, mais encore parce que tel qu'il l'avait voulu, il exigeait trop de contention d'esprit ». Aussi, pour l'avenir, il choisissait comme moyen de sanctification l'abnégation de soi-même, en d'autres termes, la mortification intérieure et extérieure, mais surtout l'intérieure, à laquelle il ajoutait la pratique assidue et continuelle de la présence de Dieu : « ce qui comprend, explique-t-il, non seulement la pensée de Dieu, mais encore celle de Notre-Seigneur et de la Très Sainte Vierge ».

L'année suivante, il reconnaissait que cette méthode lui était profitable, et il prenait des résolutions propres à intensifier cette vie d'union à Dieu par Marie. Plus tard il modifiera encore cette pratique, en la ramenant à la conformité à la volonté de Dieu, sur laquelle il a écrit plusieurs cahiers.

On nous pardonnera d'être entré dans tous ces détails ; ils nous font voir, chez notre jeune religieux, une volonté constante de devenir un saint par la dévotion à Marie. Nous pouvons suivre ses efforts dans ses nombreuses notes de vie spirituelle, car il écrivait beaucoup pendant ses retraites, il disait même qu'il écrivait peut-être trop. Nous ne nous en plaindrons pas, puisque ses manuscrits nous ont permis de le suivre pendant cette période de sa formation religieuse.

CHAPITRE QUATRIÈME

LE SACERDOCE. LE F. JACQUES, AUTRES SOUVENIRS DE SA VIE D'ÉTUDIANT

Quelques dates de sa vie.

Au commencement du mois d'août 1885, le F. Jean-Baptiste fit un court séjour à Chémery, son pays natal, où il n'était pas retourné depuis son départ pour le noviciat. Il y avait été appelé pour assister son père qui se mourait et qui désirait le revoir. M. Jousse rendit son âme à Dieu, le 7 août, et son fils regagna Budel. Il avait hâte d'y rentrer, car il estimait que le religieux hors de son couvent est comme le poisson hors de l'eau, et qu'il n'a rien à gagner même au milieu de sa famille. Il voulait aussi être là pour la retraite annuelle, suivie de la reprise des cours, en septembre ; de plus, il désirait se préparer avec tout le recueillement possible à sa profession solennelle qu'il devait faire et qu'il fit le 4 octobre suivant (1).

____

(1) Avant ce grand acte de sa vie religieuse le F. Jean-Baptiste avait disposé de la part qui lui revenait de l'héritage paternel. Une partie était destinée à faire dire des messes pour l'âme de son père. ; une autre pour

Auparavant, il avait reçu les Ordres Mineurs, à Ruremonde le samedi des Quatre-Temps d'Avent 1882, et, un an après, à pareil jour, le sous-diaconat, à Bois-le-Duc (1). Il fut ordonné diacre, à Ruremonde, le 10 avril 1886, et enfin il était élevé au sacerdoce, le 19 juin suivant à Bois-le-Duc.

Le lendemain, fête de la Très Sainte Trinité, il célébrait sa première messe dans la petite chapelle du couvent de Budel. Son vénérable oncle, l'abbé David, était venu pour l'assister à l'autel; et il avait amené avec lui le jeune frère du nouveau prêtre, qui lui servit la messe.

Chacune de ces dates est consignée dans les papiers du P. Jean-Baptiste, avec l'expression ardente des sentiments qui remplissaient son âme dans ces grandes circonstances et les résolutions nouvelles qu'il prenait, pour entretenir en lui la grâce que lui avait conférée l'imposition des mains du pontife.

les frais d'une mission à Chémery. Le reste était consacré à d'autres bonnes œuvres. La mission de Chémery, prêchée par le R. P. Julien de Mamers, n'eut lieu qu'au mois de mars 1888. Les résultats en furent des plus consolants ; ce qui en fit un véritable événement dans le Blésois, où l'on ne savait pas ce qu'était une mission, et où, sauf dans quelques villes, on n'avait jamais vu de capucin. On peut en lire le compte rendu dans la *Semaine religieuse du diocèse de Blois,* du 7 avril 1888. La mission de Chémery allait être le point de départ de toutes celles que prêchèrent ces religieux, avant que la persécution ne les eut dispersés. Celui qui avait été ainsi le promoteur de ces exercices de salut dans son pays natal, devait plus tard s'y employer avec zèle.

(1) Budel se trouve dans le diocèse de Bois-le-Duc, mais souvent les étudiants étaient présentés aux ordres à Ruremonde, quand il n'y avait pas d'ordinations dans le diocèse.

La Gardienne de son Sacerdoce.

Comme toujours c'était à Marie, sa bonne Mère, qu'il avait recours à l'occasion de ces époques décisives de sa vie. Nous détacherons seulement quelques pages du cahier de ses résolutions pendant la retraite qui précéda son sacerdoce. Après une considération sur *Jésus ma vie,* il continue par cette prière :

Marie, mon Espérance

« *Maria spes mea !* Oui, Marie, vous êtes et vous serez toujours mon espérance, mon plus ferme et mon plus doux espoir. Vous voyez, Vierge sainte, le lourd fardeau, les grandes obligations qui vont m'être imposées. Vous connaissez, en même temps, ô Reine très prudente, ma faiblesse et ma fragilité. Je n'ai que trop sujet de craindre de succomber sous le faix. Pour éviter un pareil malheur, qui serait le plus grand des malheurs, je me décharge sur Vous du poids énorme de ces obligations. A Vous maintenant de m'aider à les porter constamment, sans jamais faiblir. Ce que je vous ai dit, Vierge toute bonne, je vous le répète encore et ne cesserai de vous le redire : *Depositum custodi.* Oui, gardez précieusement la grâce de mon sacerdoce. Gardez-la intacte, telle que je la recevrai, samedi prochain, jour qui vous est spécialement consacré. Non, bonne Mère, j'en ai la douce confiance, vous ne m'abandonnerez pas. Vous ferez en sorte que je sois toujours un digne prêtre de votre divin Fils. Amen ».

A cette prière fait suite un *Vœu et promesse en l'honneur de Marie Immaculée.* « Très Sainte et Immaculée

Vierge Marie, dans le but d'obtenir de Vous cette protection que je désire pendant toute ma vie sacerdotale, et la grâce que je vous ai si souvent demandée, et que je vous demande encore avec instance, à savoir de ne jamais commettre un seul péché mortel, et, en même temps, s'il est possible, de ne pas mourir avant d'être devenu un vrai saint, tel que le bon Dieu le désire, je vous fais, dès maintenant, la promesse d'honneur, et si mon confesseur m'y autorise, je vous ferai, le jour de mon ordination, le vœu de réciter, tous les jours, en votre honneur, le *petit Office* de votre Immaculée-Conception, tant que je n'en serai pas absolument empêché par un surcroît de travail extraordinaire ou par une maladie, qui m'en ôte la possibilité. Dans le même but et dans celui de vous plaire, je vous promets de célébrer la messe de votre Immaculée Conception, tous les samedis, autant que les rubriques le permettront, à moins de circonstances indépendantes de ma volonté et fort rares » (1).

La permission de ce vœu lui fut accordée pour un an. Déjà il s'était obligé de la même manière à réciter chaque jour la *Couronne des sept Allégresses*. Une fois sorti de l'étude, ses occupations étant devenues plus absorbantes, il cessa de se lier par des vœux temporaires, mais il n'en devenait pas moins fidèle à ses engagements d'honneur pour ses dévotions envers la Très Sainte Vierge.

---

(1) Les prêtres de l'ordre franciscain ont le privilège de pouvoir célébrer chaque samedi, dans leurs églises, la messe votive de l'Immaculée Conception. Les nouvelles rubriques du Missel ont notablement restreint cette faveur.

Le Frère Jacques de Lanthenay.

Il est une autre date que nous trouvons ainsi indiquée dans le cahier du P. Jean-Baptiste : « Le 23 avril 1887, samedi, à six heures vingt du soir, aux premières vêpres de saint Fidèle, capucin, le T. H. F. Jacques de Lantenay vient de terminer saintement sa vie. Si je perds en lui un ami fidèle, je trouve en lui un protecteur de plus au ciel ».

Ce religieux a occupé trop de place dans la vie du P. Jean-Baptiste, pour que nous ne parlions pas avec quelques détails de leurs relations.

Le F. Jacques était arrivé au noviciat du Mans le 3 octobre 1882, veille de la profession du F. Jean-Baptiste. Il ne fit donc que l'apercevoir avant de partir pour la Hollande. Ils devaient être réunis à Budel . l'année suivante et suivre ensemble les cours de théologie. Bien qu'ils fussent tous deux du diocèse de Blois, ils ne se connaissaient point, le F. Jean-Baptiste ayant fait ses premières études à Tours. Cette commune origine les rapprochait, et peut-être fut-elle le premier trait de l'affection si intime qui les unit plus tard, comme le déclare le biographe du F. Jacques, en tête des pages qu'il a consacrées à sa mémoire. Elle n'avait d'ailleurs rien de secret et se manifestait au grand jour. Comme on la savait toute spirituelle, personne n'y trouvait une cause de scandale, tout au plus donna-t-elle quelquefois une occasion de sourire, quand on interceptait les petits billets par lesquels ils s'indiquaient mutuellement quelque petite pratique de piété ou de mortification.

Nous rencontrons pour la première fois le nom du

F. Jacques dans les notes de son confrère, au mois de novembre 1884. Il écrit : « Ce bon Frère m'a donné un avis dont je dois profiter : il m'a dit que si je prenais un temps pour dormir et pour étudier, je devais aussi en prendre un pour souffrir, ce que je ne fais pas assez. Pour m'encourager, il me dit, avec sa simplicité ordinaire, qu'il avait obtenu la permission de s'exposer au froid du dehors, le dimanche matin, et, sur la semaine, de une heure à une heure et demie. Car, disait-il, l'amour se prouve par le sacrifice, *amor probatur duris*. Que le Bon Dieu et la Sainte Vierge bénissent ce bon Frère ».

Le mois suivant, il consigne ses dispositions plus ferventes, à l'occasion de la fête de l'Immaculée-Conception. « Je crois devoir cette plus grande ferveur, ajoute-t-il, d'abord à la grâce du bon Dieu, et ensuite, comme au moyen dont il s'est servi, en partie tout au moins, aux bons avis et aux bons exemples de l'admirable Frère Jacques. Il est d'ailleurs pour tous un sujet de très grande édification. Je ne saurais trop m'appliquer à l'imiter. Béni soit le Seigneur de m'avoir donné un si bon Frère ».

Au commencement de l'année 1885 — « J'ai obtenu du P. Directeur la pleine autorisation pour m'exciter à la vertu avec le F. Jacques : par conséquent nous pourrons nous faire connaître mutuellement, *même par écrit,* les pratiques de piété, de perfection et de mortification (celles du moins qui ne sont pas extraordinaires), mais surtout nos défauts, afin de nous en corriger. En récréation, nous pourrons parler ensemble de choses spirituelles, et cela aussi souvent que possible, pourvu que ce soit sans nuire à la charité due aux autres Frères.

Dieu soit loué, béni et remercié, pour m'avoir donné un si puissant moyen de sanctification. Puissé-je ne pas le rendre inutile par ma malice. Jusqu'ici il a produit de bons résultats ».

Une sainte Ligue.

Bientôt, un tiers était admis à partager cette intimité spirituelle. C'était le F. Daniel de Moisy, qui, après avoir été le condisciple du F. Jacques au séminaire de Blois, l'avait suivi dans la vie religieuse. En notant comment le F. Jacques et lui s'étaient mutuellement promis de prier l'un pour l'autre afin de devenir saints, notre étudiant continue : « Nous inspirerons la même résolution au F. Daniel, à la première occasion ». Ainsi fut-il fait, et le lien qui les unissait était resserré par la *Sainte Ligue* de prières, dont il parle dans la *Vie du F. Jacques,* sans en indiquer les membres (1).

Nous en avons retrouvé le règlement, signé par les trois contractants, en la fête de l'Immaculée-Conception 1885, avec l'approbation du P. Timothée, directeur de l'étude. Leur but était de s'aider réciproquement, par de sages conseils et le secours de leurs prières, à devenir des saints. Ils se devaient exhorter les uns les autres « à l'acquisition de la perfection, à la pratique de toutes les vertus et à la parfaite observance de leur sainte Règle ; et aussi se faire, en toute charité, sincérité et humilité, la correction fraternelle, soit pour se reprendre d'une mauvaise habitude, ou d'une faute légère, soit pour se

____

(1) *Une âme séraphique. Vie du frère Jacques de Lanthenay,* par le P. Jean-Baptiste, 1913, p. 124.

demander l'un à l'autre s'ils n'avaient pas manqué à telle ou telle pratique ». En outre, ils devaient prier l'un pour l'autre, tous les jours, afin d'obtenir les deux grâces suivantes : « 1º Celle de mourir avant de commettre un seul péché grave ; 2º Celle de ne pas mourir avant d'être devenus des saints, dût-il pour cela leur en coûter la vie ».

Il nous est impossible de dire quelle influence le P Jean-Baptiste exerça sur le F. Daniel, mort missionnaire aux Indes le 24 mars 1902, mais, au su de tous, le F. Jacques ne chercha pas à s'y soustraire, et il acceptait humblement les corrections fraternelles de son moniteur. Nous en avons une preuve dans une page de sa Vie, que nous reproduisons.

Quelques exemples.

En parlant de l'humilité du F. Jacques, l'auteur écrit, sans se nommer : « Un de ses frères (c'était lui-même) fait cet aveu sincère : « Connaissant son amour extrême pour les humiliations, je me chargeai de lui en fournir, pour le seul motif de lui être utile et agréable. Voici dans quelle circonstance. Peu de temps après son arrivée à l'étude, on lisait au réfectoire la vie de saint Jean de Capistran, dans l'*Auréole Séraphique* ; et l'on y disait que, pendant son noviciat, un Frère fut chargé de lui avec mission de l'exercer à la vertu par des humiliations et des mortifications de tout genre. Dans la suite, sans manifester aucune intention de ma part, je demandai au F. Jacques s'il voudrait bien en avoir autant. « Oui, certainement », répondit-il. A partir de ce moment, je me crus autorisé à lui faire pratiquer la patience et l'humilité. A quelque temps de là, je me mis donc à exagérer ses défauts devant les autres et à le reprendre un peu durement. De lui-même, il vint me remercier et me prier de continuer à l'avenir de l'humilier ainsi en public, ce que je fis presque toujours, pour son propre bien, et aussi à ma confusion, en voyant que je lui faisais pratiquer la vertu, sans la pratiquer moi-même. J'en étais parfois ému jusqu'aux larmes. Un jour, sans doute, je dus le taquiner, et l'humilier plus que de coutume. Le fait est qu'il crut devoir me dire : « Ne « pensez pas que je sois fâché. Loin de vous blâmer, je « dois plutôt vous remercier et tourner contre moi-même « une sainte indignation, à la vue de tant d'amour « propre qui est en moi. Je vous exhorte, par amour « pour Marie, à qui vous ne sauriez rien refuser, à « recommencer pour le bien de mon âme » (1).

L'humble religieux le lui rendait, mais avec plus de discrétion, comme on peut encore le voir dans le même livre. Nous sommes en effet bien persuadé que c'est un souvenir personnel que raconte l'historien, quand, au sujet de l'obéissance du F. Jacques, il écrit : « Il abandonnait tout au premier signal, même une prière commencée. Un jour, un de ses frères n'ayant pas quitté un exercice au premier signal, le F. Jacques lui en fit, en particulier, la correction fraternelle. « Rien, lui dit-il, « n'est préférable à l'obéissance » (2).

Une autre fois, il lui donnait le conseil « de ne pas

____

(1) A la page 202.
(2) A la page 174.

être *tant humain* », c'est-à-dire, de s'adonner à la perfection et à tout ce qu'elle exige, sans se préoccuper du qu'en-dira-t-on.

Si, dans cette Vie, nous trouvons tant de traits édifiants, de paroles pieuses du « petit saint », c'est que son confrère le suivait de près et se plaisait à provoquer de sa part ces reparties qui trahissaient ses sentiments les plus intimes, sans que, dans sa simplicité, il se défiât de cette innocente supercherie.

Quand, plus tard, le P. Jean-Baptiste commencera à écrire la *Vie du F. Jacques*, son exemple lui servira de stimulant. « Je me propose,. lisons-nous dans ses résolutions de cette époque, de marcher de plus en plus sur ses traces. Il ne me servirait de rien de faire le récit de ses admirables vertus, si je ne m'appliquais d'abord à les pratiquer. » Dans une autre occasion, il se reproche de ne pas entretenir suffisamment en lui le souvenir de la présence de Dieu. Pour y remédier, il forme le propos de voir Dieu ou Jésus présent en son âme, ou, « en d'autres termes, de faire de mon cœur un tabernacle, sur le conseil de mon saint F. Jacques ». — « Faire de mon cœur un tabernacle, où je contemplerai, j'adorerai, j'aimerai Jésus », était une des pratiques du pieux étudiant (1).

Pratiques de mortification.

Cette *Vie du F. Jacques* nous est précieuse à plus d'un titre pour connaître la manière dont l'auteur envisageait la perfection religieuse. Nous y voyons la mise

____

(1) *Vie,* page 143.

en pratique des moyens qu'il se proposait lui-même, comme nous le montrent ses cahiers de vie intérieure. C'est en particulier l'amour de la pénitence et de la mortification extérieure, et il plaide sa propre cause quand il justifie les insistances réitérées du F. Jacques pour obtenir de pratiquer certaines austérités (1).

Avec le bon P. Timothée, la victoire n'était pas difficile ; il aurait craint de contrarier une inspiration de la grâce en résistant trop longtemps. Aussi, quand il n'y voyait pas d'inconvénient sérieux, il laissait faire ; sachant bien que si le mouvement de ferveur n'était que feu de paille, il s'éteindrait de lui-même, et que le cilice ou la chaîne de fer, qu'on lui demandait, demeurerait bientôt dans un tiroir. Cependant, il faut croire que le zèle de quelques-uns des étudiants d'alors allait jusqu'à l'indiscrétion, au risque de compromettre leur santé par des pénitences imprudentes. En effet, dans une de ses visites, le T. R. P. Provincial crut devoir retirer toutes les permissions de ce genre, et recommander au P. Directeur de se montrer plus difficile à l'avenir.

Sur ce point, le F. Jean-Baptiste n'était pas un des moins ardents. Porter le cilice ou la ceinture en mailles de fer, prendre la discipline, coucher sur la planche, se priver de dessert, jeûner le samedi et les veilles de fêtes, tout cela lui était familier pendant son séjour à Budel. Plus tard, lancé dans la vie apostolique du missionnaire, avec ses travaux et ses fatigues, il dut modifier son genre d'austérités, sans renoncer pour cela aux mortifications volontaires, en plus des pénitences de règle ou d'usage.

---

(1) *Vie*, page 177.

Il avait trop prêché la nécessité de la pénitence pour s'en croire dispensé.

Quant à la mortification intérieure, elle demeure un secret entre l'âme et Dieu. Nous ne sommes donc pas en mesure de le dévoiler. Nous voulons cependant rapporter un trait qui découvre une de ses industries pour la pratiquer. Il était fort sensible, et il se le reprochait, aux critiques et aux petites taquineries de ses Frères. Afin de se vaincre sur ce point, il demanda au P. Directeur la permission de faire parfois des fautes dans la lecture publique au réfectoire, afin de s'attirer une correction et de faire sourire à ses dépens ; ce qui lui fut accordé, pourvu qu'il n'abusât point et ne parût pas le faire à dessein. Pour une fois au moins, il fut servi à souhait. Dans le livre qu'on lisait alors, le nom italien de Malatesta (mauvaise tête) se présenta. Comment s'y prit-il pour l'estropier, nous l'avons oublié : mais le fait est qu'à la récréation suivante, un religieux de passage et qui ne le connaissait pas autrement, le baptisait *Malatesta,* au grand divertissement des autres étudiants. Taquinerie inoffensive, qui devenait une occasion de mérite pour celui qui en était l'objet.

Une séance originale.

Le premier mouvement dominé, F. Jean-Baptiste prenait part à la joie commune, car son austérité n'altérait point sa gaieté, et il aimait à rendre taquinerie pour taquinerie, tout en cherchant à ne point blesser la charité. Il profita une fois d'une fête de l'étude pour prendre une de ces aimables revanches.

Saint Bonaventure est le patron des étudiants en théologie, et, dans les scolasticats, le 4 juillet était célébré solennellement avant qu'on ne pensât à en faire la fête nationale de la République. Cependant, cette date, assez voisine de celle des examens de fin d'année, ne leur permettait pas de préparer une académie, comme ils faisaient en d'autres circonstances. En 1885, notre Frère demandait au P. Directeur la permission de faire, à lui seul, tous les frais d'une séance de ce genre. Le secret fut gardé jusqu'à l'heure voulue, et, quand toute la famille religieuse se trouva réunie dans la salle commune, sans en connaître le motif, elle eut la surprise de voir le F. Jean-Baptiste s'avancer gravement,

> marchant à pas comptés
> Comme un recteur suivi des quatre facultés.

Prenant la parole, il annonça à la docte assistance une *Séance Théologico - Dogmatico - Exégético - Baptistico - Bonaventuriste.* Elle consista dans la lecture d'une *Dissertation sur l'excellence et l'utilité de l'Ecriture Sainte.*

Sans manquer aucunement au respect dû à la parole de Dieu, dont au contraire il proclamait les excellences dans sa première partie, dans la seconde, passant « du grave au doux, du plaisant au sévère », il adressait à tous en général, et à plusieurs en particulier, d'innocentes malices, qui firent rire sans froisser personne.

On se demandera pourquoi il avait choisi ce sujet. C'est que les travaux auxquels il se livrait sur l'Ecriture Sainte lui avaient valu les appellations d'*Exégète* et de *nouveau Maldonat.* Il s'excusait de ne point mériter la première et protestait n'avoir de commun avec le savant Jésuite que le nom de Jean (1).

Maldonat, en latin *Maldonatus*, soit *male donatus*, peut se traduire par *mal doué*. Bien qu'il ne le dise pas, nous comprenons que ce qualificatif ne lui souriait guère ; d'ailleurs il ne le méritait en aucune façon. Sans être d'une intelligence supérieure, le F. Jean-Baptiste était loin d'être un des derniers, et son application au travail lui assurait un fonds de doctrine dans lequel il pourrait puiser plus tard. Nous avons feuilleté ses cahiers d'étudiant, et nous y avons rencontré des dissertations avec des notes comme celles-ci : « Presque très bien », ou « 4 points 1/2 sur 5 ».

Il avait pris l'habitude, qu'il conserva toute sa vie, de lire la plume à la main. Ainsi, sur tous les sujets, il avait à son service des textes de l'Ecriture, des Pères et des auteurs spirituels, qui entraient naturellement dans la trame de ses instructions. Pour l'Ecriture Sainte, en particulier, nous ne sommes pas surpris que ses confrères l'aient qualifié d'*exégète*, car il savait en faire des applications souvent fort ingénieuses, et il trouvait dans un texte, sans en forcer le sens, des pensées originales.

Application au travail.

Consciencieux comme il l'était, le F. Jean-Baptiste se serait reproché de ne pas consacrer à l'étude tout le temps qui lui était destiné par le règlement. Quand il avait

---

(1) Jean Maldonat, Jésuite espagnol (1532-1583), publia de savants Commentaires sur l'Ecriture Sainte.

préparé les leçons quotidiennes, ou écrit ses résumés, en un mot fait son devoir, et de son mieux, il consacrait les moments qui lui restaient à des travaux personnels, autorisés par le P. Directeur, ce qu'il nommait gravement « la composition de mes ouvrages ». Il est un sujet auquel il s'appliqua surtout, nous l'avons dit, c'est la *Conformité à la volonté de Dieu*. Nous avons eu entre les mains les notes qu'il avait réunies à cet effet, mais il ne fit que tracer le plan de ce traité, sans en aborder la rédaction. Plus tard il en profitera pour préparer une retraite sur ce saint exercice, dont il avait apprécié toute l'utilité par son expérience personnelle.

Après avoir été le séminariste modèle, Joseph Jousse, devenu F. Jean-Baptiste, était donc un étudiant exemplaire, au point de vue de la piété, du travail, de la régularité. Toutefois il ne passait plus inaperçu, non qu'il cherchât à se faire remarquer, mais il donnait à tout ce qu'il faisait un cachet d'originalité qui était dans sa nature. Sa personnalité s'était déclarée et accentuée ; il ne la reniait pas, il cherchait seulement à en combattre les défauts.

Esprit de pauvreté.

La séance que nous venons de raconter est une preuve de cette originalité. Nous n'y avons pas assisté, mais en lisant, après plus de trente ans, la *Dissertation Baptistico-Exégétique*, nous avons vu surgir devant nos yeux une foule de souvenirs oubliés, comme celui de son étui à lunettes.

« Pour faire de bonne exégèse, disait-il, il faut avoir

de bons yeux et de bonnes lunettes (on sait qu'il en portait). Je ne pourrais vous en fournir, — je parle de lunettes, — tout au plus serais-je capable de vous procurer des étuis. Et quels étuis ! » C'est qu'il était légendaire à l'Etude, l'étui à lunettes du F. Jean-Baptiste. Il avait dû être neuf, mais il l'avait si souvent rhabillé avec du papier d'emballage, qu'on n'aurait su dire quelle forme il avait eue, et la mince gaine en carton était devenue épaisse comme le fourreau d'un sabre. On prétendait même que le prix de la colle qu'il y avait employée dépassait de beaucoup celui d'un étui neuf. Il laissait dire, et la pauvreté de cet objet à son usage lui donnait à ses yeux une valeur qu'il n'avait pas quand il était nouveau. Il suffisait au but, pourquoi en eût-il désiré un autre ?

Il avait en effet au cœur l'amour de la pauvreté, et il le manifestait au dehors par le double souci de ne rien laisser perdre et de n'avoir rien d'inutile. Un de ses cahiers de vie spirituelle est écrit en entier sur les enveloppes des lettres qu'il recevait. Ceux qui l'ont connu peuvent dire qu'il aurait plutôt exagéré la pratique de cette vertu franciscaine, sur laquelle il embrassait et soutenait les opinions les plus rigides.

Il est institué Prédicateur.

Près de cinq années s'étaient écoulées dans les exercices et les pratiques, dont nous avons essayé de donner une idée : notre étudiant était arrivé au terme de ses études. Vers le commencement du mois d'août 1887, le P. Jean-Baptiste passa son dernier examen, à la suite duquel il était jugé digne d'être promu à l'office de la prédication. Bientôt après, il recevait de Rome les lettres-patentes du Ministre Général, qui l'instituaient Prédicateur, et lui permettaient, suivant la règle de saint François, d'exercer ce ministère apostolique, « pour l'utilité et l'édification du peuple, en lui annonçant les vices et les vertus, la peine et la gloire ».

Après avoir vécu jusque là presqu'exclusivement pour lui, il allait commencer à vivre pour les autres.

CHAPITRE CINQUIÈME

LE MISSIONNAIRE

L'étude d'éloquence sacrée.

AVANT d'être admis à exercer le ministère de la prédication, les jeunes prêtres, qui y sont destinés, sont encore astreints à faire une année d'éloquence. Sous la direction d'un religieux expérimenté, ils travaillent à la préparation de leurs premiers sermons et, devant des auditoires modestes, ils font leurs débuts oratoires.

Coïncidences providentielles.

Le samedi 27 août 1887, le P. Jean-Baptiste recevait l'obédience qui le destinait au couvent de Lorient. « Je suis heureux de cette coïncidence, écrivait-il, c'est un très bon signe. La Très Sainte Vierge me témoigne ainsi qu'elle me couvrira de sa maternelle protection pendant cette année, comme pour le temps de mon noviciat et de mes études à Budel ».

Deux jours après, il se mettait en route. « Par une autre coïncidence, digne de remarque, continue-t-il, je partais de l'étude de Budel, le jour de la fête de la

Décollation de saint Jean-Baptiste, mon patron. L'épître et l'évangile du jour avaient des analogies si frappantes avec ma nouvelle situation, que je ne pus m'empêcher de m'en faire l'application, à mesure que je récitais ces parties de la sainte messe ».

L'épître, rappelons-le, est empruntée au commencement de la prophétie de Jérémie. « Le Seigneur m'adressa donc la parole, et il me dit : Je vous ai connu avant que je vous eusse formé dans les entrailles de votre mère ; je vous ai sanctifié avant que vous ne fussiez sorti de son sein, et je vous ai établi prophète parmi les nations. — Je lui dis : A, a, a ! Seigneur, mon Dieu, vous voyez que je ne sais point parler, parce que je ne suis qu'un enfant. — Le Seigneur me dit : Ne dites point, je suis un enfant, car vous irez partout où je vous enverrai, et vous porterez les paroles que je vous commanderai de dire. Ne craignez point de paraître devant ceux à qui je vous enverrai, parce que je suis avec vous pour vous délivrer, dit le Seigneur. Alors le Seigneur étendit sa main, toucha ma bouche et me dit : C'est moi qui ai mis mes poroles dans votre bouche. Je vous établis aujourd'hui sur les nations et les royaumes, pour arracher et pour détruire, pour perdre et pour dissiper, pour édifier et pour planter » (1).

« L'évangile me convenait également, poursuit-il, en ce sens qu'il me donnait dans la personne de saint Jean-Baptiste, mon patron, un modèle de ce que je dois être comme prédicateur. Comme lui, je dois prêcher hardiment contre les vices des hommes, sans

____

(1) Jérémie, ch. I, v. 4-10.

considération de leurs personnes ; comme lui, je dois avoir la force et le courage de dire : *Non licet tibi,* « Cela ne vous est pas permis »; quand bien même cela me susciterait des haines, m'occasionnerait des périls, je ne devrais pas faiblir à ma mission, ni à mon devoir. Si même j'ai un désir à former et à présenter à Dieu, par l'intermédiaire de mon saint patron, c'est de l'imiter jusqu'au bout. C'est-à-dire qu'après avoir prêché comme lui la pénitence, je meure comme lui victime de mon zèle pour la gloire de Dieu et le salut des âmes ».

Il avait reçu son obédience un samedi, c'est encore le samedi suivant qu'il entra au couvent de Lorient. « Et cela contre toute prévision, par suite d'un accident, que je serais tenté d'attribuer au hasard, si je n'y voyais une amoureuse attention de ma divine Mère. J'aurais dû, en effet, y entrer le vendredi soir, mais nous trouvâmes la porte fermée et il nous fut impossible de nous faire ouvrir. Force nous fut d'aller chercher un gîte ailleurs pour la nuit, et ce n'est que le lendemain matin que nous sommes entrés au couvent, sous la protection de Marie ».

Son maître, ses premiers travaux.

Son professeur d'éloquence était le T. R. Père Léopold de Chérancé, auquel une voix autorisée rendait ce témoignage : « Vous avez été apôtre. Ce ministère, vous l'avez exercé durant près d'un demi-siècle dans les missions paroissiales pour lesquelles il semble que nos Pères, avec leur habit grossier, leurs pieds nus, leur tête rasée, leur langage simple et cordial, soient plus spécialement adaptés ; dans les prédications plus relevées, mais non plus utiles, des Carêmes et des Avents : vous vous êtes fait entendre dans les chaires célèbres de Paris à Smyrne, et la liste serait longue des villes de France où vous avez annoncé la bonne nouvelle » (1).

Sous un tel maître, le jeune éloquent ne pouvait manquer de profiter. Comme compagnon de travaux, il avait le P. Léon de Nantes, dont le souvenir est encore vivant partout où il a passé, charmant les esprits par un style imagé et fleuri, captivant les cœurs et y faisant naître des émotions fécondes en grâces de salut. Le P. Jean-Baptiste n'avait point reçu du ciel les mêmes talents, mais il ne laissa pas improductifs ceux qui lui avaient été confiés.

Nous avons sous les yeux le règlement qu'il s'était tracé pour cette année d'éloquence. La vie intérieure y occupe une large part, et il se propose de continuer à pratiquer les mêmes exercices qu'à Budel, autant que le lui permettront ses travaux. Pour les études, voici ce qu'il détermine :

Tous les jours, il consacrera une heure à l'étude de l'Ecriture sainte, texte et commentateurs ; une demi-heure à revoir la théologie morale et le même temps à une lecture propre à former le style. Le reste de la journée sera donné à la composition de sermons. A la fin de la matinée, il prélèvera de cinq à dix minutes pour l'examen particulier ; le soir il prendra une demi-heure pour la lecture spirituelle, et, certains jours, le temps nécessaire pour faire le Chemin de la Croix.

---

(1) Allocution du R^{me} P. Venance de l'Isle-en-Rigault, Ministre Général, pour les noces d'or du T. R. P. Léopold, 17 sept. 1918.

A moins de travaux pressés, il emploiera le samedi et les jours de fête de la Très Sainte Vierge à préparer des instructions en son honneur. Ce fut par Elle qu'il commença.

Dans ses nombreux cahiers, nous en avons retrouvé un, avec la date du 8 septembre 1887 ; il a pour titre ; *Sermon sur la dévotion à Marie considérée comme moyen de perfection,* et il porte cette mention : *Hommage de l'auteur à sa bonne Mère.* Tandis que ses autres cahiers sont chargés de corrections, celui-là seul est demeuré dans son premier état, non pas certes qu'il trouvât son travail parfait, mais, croyons-nous, à cause de l'hommage qu'il en avait fait à Marie.

La première instruction qu'il donna, dans la chapelle de l'orphelinat des Sœurs de la Providence à Lorient, était sur l'amour envers la Très Sainte Vierge, et, des douze sermons qu'il prêcha pendant son cours d'éloquence, quatre sont consacrés à la dévotion envers la bonne Mère.

Au couvent de Calais.

Le cours d'éloquence du P. Jean-Baptiste prit fin avec la célébration du Chapitre provincial, au mois de juillet 1888, et, à cette époque, une obédience des supérieurs le fixa au couvent de Calais, en qualité de missionnaire. Depuis plusieurs années, c'était la fonction qu'il désirait, nous voyons même dans ses notes qu'il craignait sur ce point de ne pas être assez indifférent, en pensant à l'emploi auquel il serait destiné plus tard.

Bien qu'il eut été fondé en 1879, le couvent de Calais

ne faisait guère que commencer à exister. Les circonstances avaient été peu propices et ne permettaient pas de songer à la construction des bâtiments conventuels. On attendit plusieurs années avant de mettre la main à l'œuvre et, à l'époque à laquelle nous sommes arrivés, ils étaient assez avancés pour y placer une famille canonique. Cette heure était attendue par les prêtres du diocèse si chrétien d'Arras, qui espéraient trouver, chez les Capucins, des auxiliaires précieux pour l'évangélisation de leurs paroisses. Aussi le travail ne manquait point et nos missionnaires pouvaient à peine suffire à la besogne. De suite, le P. Jean-Baptiste put donc satisfaire son désir de vie apostolique.

Là encore son premier sermon devait être sur la Sainte Vierge ; il le donnait le 15 août, dans la chapelle des Franciscaines. La première mission à laquelle il prit part n'eut lieu qu'au mois de janvier suivant. Avant de parler de ses travaux, dépeignons le missionnaire.

Son portrait.

Le P. Jean-Baptiste n'avait point reçu les avantages naturels qui contribuent au succès de l'orateur, ou tant au moins facilitent sa tâche. Les traits fortement accentués d'un visage terreux et à la peau rugueuse, avaient fait dire à son ami le F. Jacques : « Le F. Jean-Baptiste n'est point beau de figure, mais il est *bien varlopé* à l'intérieur ». Toutefois, on lisait dans ses yeux enfoncés la vivacité de son esprit : son front bombé et marqué d'un pli entre les arcades sourcilières indiquait la force de sa volonté : le franc sourire qui éclairait sa physionomie en palliait la rudesse et dévoilait la bonté de son âme. Si la voix était forte, elle manquait de moelleux : les intonations, souvent dépourvues d'harmonie et de justesse, rendaient nuls les effets qu'il aurait voulu produire.

Il fut cependant un prédicateur efficace, car à défaut des qualités physiques il avait celle qui donne la véritable éloquence. *Pectus disertos facit,* a dit Quintilien : c'est le cœur qui fait les éloquents. Or c'est de tout son cœur qu'il se donnait au ministère apostolique. Il avait le zèle des âmes. Nous allons le laisser nous dire comment il le comprenait.

Le zèle des âmes.

« C'est là la vertu par excellence du missionnaire et l'œuvre la plus divine des œuvres divines, la fleur de la charité envers Dieu et envers le prochain. Aussi je veux qu'elle brille en moi d'un éclat particulier, tout en ayant soin que ce zèle soit bien réglé. Pour cela, il devra ne pas être un obstacle à ma propre sanctification, et, par conséquent, ne pas m'absorber au point de ne pas me laisser le temps de vaquer à l'oraison et à la prière. Mais à part cela, je me livrerai tout entier et de tout cœur aux œuvres de zèle, sans épargner ni peine, ni fatigue ; étant même prêt à sacrifier ma vie s'il le faut, pour le salut des âmes.

« Ce zèle s'exercera d'abord par *l'exemple*, sachant qu'une prédication qui n'est pas soutenue par une vie exemplaire et sainte, ne peut produire de fruits durables. Car ce qui convertit, c'est moins la parole que la sainteté de la vie.

« Il s'exercera ensuite par la *prière ;* elle est un des moyens les plus efficaces pour faire tomber du ciel la rosée de la grâce, qui féconde la semence de la parole. Je prierai donc beaucoup pour la conversion des pécheurs, tant au couvent qu'en prédication ». Ici, il ajoute entre parenthèses : Chemin de Croix et cinq *Pater* et *Ave* tous les jours.

« Un autre moyen, plus efficace encore que la prière pour la conversion des âmes, c'est le *sacrifice,* la souffrance, la mortification. Je ne négligerai donc pas de m'imposer le plus de mortifications possibles pour la conversion des pécheurs, et j'accepterai dans cette même intention, les épreuves que le bon Dieu m'enverra.

« Enfin il y a la *parole*, tant en chaire qu'au confessionnal et en conversation.

« 1° Je me préparerai toujours à la *prédication* avec le plus grand soin, afin d'honorer mon ministère. Cependant, après avoir fait tout mon possible pour me préparer, je me défierai de moi-même, persuadé que le succès ne peut venir que de Dieu et du secours de sa grâce. C'est pourquoi je ne monterai jamais en chaire sans m'être d'abord humilié profondément, et avoir invoqué le secours de Dieu et la protection de la Très Sainte Vierge. A l'exemple de saint Léonard, « je m'u-
« nirai au Cœur de Jésus, et je disposerai dans son côté
« entr'ouvert toutes mes paroles, afin qu'imprégnées du
« sang de Jésus, elles pénètrent dans le cœur des fidèles.
« Puis, je conjurerai tous les démons, en leur ordonnant,
« de la part du Dieu tout-puissant de se retirer de
« l'auditoire et de n'avoir pas l'audace de fermer les
« cœurs à la componction. J'invoquerai aussi les Anges

« gardiens de mes auditeurs, afin qu'ils m'aident à les
« toucher, et réciterai à cette intention un *Pater* et *Ave*
« en leur honneur ». En un mot, je compterai uniquement sur la grâce de Dieu, que j'implorerai par tous
les moyens en mon pouvoir.

« Quelle que soit ma fatigue, je ne refuserai aucune
prédication que je sois apte à donner. Je n'épargnerai
aucune peine pour rendre mes sermons utiles et pratiques, et j'aurai en horreur toute recherche et toute
affectation dans le style et le langage.

« 2° Je serai assidu au *confessionnal,* et ne me ferai
jamais prier pour m'acquitter de ce devoir. A moins de
raisons majeures, jamais pour cause de fatigue, je ne
refuserai de confesser quiconque me demandera : car il
peut très bien y aller du salut d'une âme, comme j'en
ai déjà fait l'expérience.

« Je m'efforcerai de témoigner toujours la plus grande
bonté et bienveillance à tous les pénitents, et prendrai
garde surtout de ne pas me laisser aller à l'impatience,
quelque motif que l'on m'en donne, ou de parler trop
durement, si je suis obligé de secouer la torpeur de
certains.

« Je ne ferai aucune acception de personnes, et
confesserai aussi volontiers les pauvres que les riches,
les hommes que les femmes, les enfants que les grandes
personnes, les gens simples et grossiers que les personnes
bien élevées. Moins il y aura d'attrait du côté des sens
et de l'amour-propre, plus cette action sera méritoire.

« Je profiterai des petits intervalles entre chaque
confession pour élever mon cœur à Dieu, lui offrir mon
travail et lui demander force et lumière.

« 3° Je ferai aussi en sorte d'avoir une *conversation* tout apostolique. Pour cela j'aurai soin d'y mêler, selon l'occasion, quelque parole pieuse, quelque bon conseil, et cela avec une sainte liberté, condamnant le mal partout et toujours, sans avoir d'autres égards envers les personnes que ceux qui sont demandés par la charité, et cela sans respect humain, comme sans flatterie ».

Ces pages sont extraites des *Résolutions* qu'il avait prises, après trois ans d'expérience de la vie de Missionnaire. Il se proposait de suivre l'exemple de saint Léonard de Port-Maurice, le grand apôtre franciscain de l'Italie au XVIIIe siècle, qu'il avait choisi pour modèle et qu'il avait établi un de ses protecteurs.

Sa manière de prêcher.

Ce que nous avons déjà dit de sa vie religieuse, de son esprit de prière et de mortification, nous dispense d'y revenir. Nous ajouterons seulement que, même au cours de ses prédications, il ne se croyait pas dispensé des abstinences en usage au couvent pendant les carêmes. Autant qu'il le pouvait il faisait maigre tous les jours, et souvent au grand tourment des pauvres servantes de presbytère.

Le travail qu'il s'imposait pour préparer ses sermons, pour les rendre utiles et pratiques, nous est attesté par ses cahiers. Il n'en est pas un qui ne soit couvert de corrections, chargé de notes et d'additions. En les voyant, on pense tout naturellement au conseil du poète :

> Vingt fois sur le métier remettez votre ouvrage,
> Polissez-le sans cesse et le repolissez.

Cependant il n'avait pas autant de souci de polir ses écrits et de limer ses phrases, que d'exprimer clairement et fortement sa pensée. Il s'en justifiait en répétant après saint Augustin : *Melius est ut reprehendant nos grammatici, quam ut non intelligant populi.* « Mieux vaut être repris par les grammairiens, que n'être pas compris par le peuple ». D'ailleurs, il n'ambitionnait pas les auditoires distingués des villes, il leur préférait une église de village, remplie d'une assistance simple et plus facilement accessible au genre de prédication qu'il croyait être le plus conforme aux intentions de saint François.

Dans sa règle, en effet, le séraphique Patriarche avertit et exhorte ses frères de veiller à ce que dans la prédication qu'ils feront, leurs paroles soient examinées et chastes, pour l'utilité et l'édification du peuple, auquel ils doivent annoncer les vices et les vertus, la peine et la gloire, avec brièveté de discours. — Ne dirait-on pas que dans cette prescription le saint Législateur avait en vue la prédication des missions ?

C'est bien ainsi que le comprenait notre P. Jean-Baptiste. Dans les notes qu'il a recueillies en vue de former un *Manuel du Missionnaire*, quand il parle de la matière du sermon, il recopie ces paroles de la Règle, auxquelles il ajoute cette remarque : « Les grandes vérités, la mort, le jugement, l'enfer sont le plus grand stimulant dont il faut se servir pour convertir les pécheurs ». Aussi ne craignait-il pas d'aborder ces sujets et d'y revenir avec insistance. « Au commencement de ses sermons, disait un vieux marin qui avait suivi une de ses missions, le P. Jean-Baptiste nous *trempine* toujours pendant un petit quart d'heure en enfer ».

Pour éviter d'y tomber, la seule voie à suivre est celle de la pénitence. C'était un des thèmes qu'il développait fréquemment, au point que sa manière de prêcher cette vertu était devenue comme proverbiale. Il devait donner une mission dans une paroisse ; une jeune fille, qui l'avait entendu ailleurs, disait à ses amies : « Le P. Jean-Baptiste, ah ! il nous dira Pénitence, pénitence, pénitence ». Ainsi commençait un de ses sermons. « Dès le début de ses instructions, lisons-nous dans le récit d'une de ses prédications, le R. Père fit retentir la chaire de vérité des paroles que Marie adressa à sa confidente Bernadette : Pénitence, pénitence, pénitence. Il démontra la nécessité pour tous de faire pénitence pour apaiser la colère de Dieu et écarter les fléaux qui pèsent sur la France. Nous devons faire pénitence, a-t-il dit, comme chrétien et comme Français » (1).

L'ennemi des danses.

Le fils de saint François doit en chaire annoncer la peine et la gloire, c'est-à-dire les grandes vérités : il doit aussi reprendre les vices et prêcher les vertus. Notre missionnaire ne manquait pas à ce devoir, et il reprenait les vices avec une liberté tout apostolique.

On lit dans la vie de saint Joseph de Léonisse, capucin, missionnaire infatigable de l'Ombrie au XVIIᵉ siècle, qu'on l'avait surnommé *turba-balli,* « trouble-bals » à cause de la guerre sans trève qu'il faisait à ces divertissements dangereux, ne craignant point, — les mœurs de

______

(1) *Semaine religieuse du diocèse d'Arras. Boulogne et Saint-Omer,* 25 avril 1890.

son siècle l'y autorisaient, — d'intervenir personnelle-
ment au milieu des danseurs, de les reprendre publique-
ment et de les renvoyer honteux et confus. Le P. Jean-
Baptiste n'allait pas jusque là, mais avec quelle force
il tonnait en chaire contre les danses publiques, malheureusement en usage dans quelques paroisses où il prêcha.
Les habituées de ces réunions ne le lui pardonnaient
pas, et dans une bourgade, où il donnait une mission,
elles ne rougisssaient pas de dire : « Si le P. Jean-
Baptiste mourait pendant la mission, nous irions
danser sur sa tombe ! »

Il ne s'en préoccupait nullement et continuait son
ministère, car il avait noté et fait sienne cette pensée de
saint Léonard de Port-Maurice : « On voit que cette
mission déplait fort à l'enfer, nous pouvons donc en
espérer beaucoup de fruit ». Il parlait d'expérience.
A la suite d'une de ses missions, au cours de laquelle
il avait été interpellé par quelques mauvais sujets, —
une autre fois on avait été jusqu'à lancer un pétard dans
l'église pendant un sermon du soir, — il notait dans
son journal : « Diable furieux, ainsi que les francs-
maçons, » et il ajoutait un chiffre notable de conversions,
« dont plusieurs extraordinaires ».

Tableaux de mission (1).

Comme tous les missionnaires, le P. Jean-Baptiste
avait recours à diverses industries pour attirer les fidèles

____

(1) Ce n'est pas ici le lieu de faire une dissertation sur l'origine de ces
tableaux qui remonte à la seconde moitié du XVIIe. Ils sont connus sous
le nom de *Tableaux du Vénérable Le Nobletz et du P. Maunoir*, parce

aux exercices. Nous ne parlerons pas de celles qui sont en usage dans toutes les missions, décorations, cérémonies, illuminations, chants. Il en eut qui lui furent propres.

Il avait passé son année d'éloquence au couvent de Lorient, où se trouvaient alors groupés nos missionnaires de langue bretonne. Il y entendit parler des tableaux symboliques dont se servent les prédicateurs de ces missions bretonnes, et même il put voir ceux qu'un de ses confrères avait fait peindre à son usage. Ces images représentaient les divers états de l'âme, suivant que Dieu y habite par sa grâce ou que le démon en est le maître. En rapport avec ces états, on voit, dessinées dans un cœur soit l'image des trois personnes de la Très Sainte Trinité ou du Crucifix, soit celle du démon et des péchés capitaux, figurés par des animaux.

Le P. Jean-Baptiste pensait que si ces tableaux étaient toujours employés avec fruit dans les missions bretonnes, ils seraient également utiles aux Missionnaires dans les autres provinces. La difficulté était de se les procurer, car on ne les trouve pas dans le commerce. Pour y obvier,

---

que le premier en fit grand usage dans ses missions, et le second, qui fut son continuateur, les employait également. Mais le Vénérable déclare quelque part avoir emprunté plusieurs de ces figures à un cahier du P. François de Rennes, capucin, d'autres à un ouvrage du P. Binet. S. J. Quoiqu'il en soit de l'origine des tableaux, les missionnaires capucins du XVIIIe siècle en faisaient usage, eux aussi. Nous avons sous les yeux un petit livret, souvent réimprimé à Troyes, au cours du dit siècle, et intitulé : *Le Miroir du pécheur, composé par les RR. PP. Capucins, Missionnaires, très utile pour toutes sortes de personnes, le tout représenté par Figures.* Il renferme seulement quatre images, grossièrement gravées sur bois, qui se retrouvent dans l'opuscule récent : *Daouzek taolen ann Tad Maner. Tableaux symboliques composés pour les missions bretonnes par D. Michel Le Nobletz et le P. Maunoir.* Tours, 1887.

il recourut au grand *Catéchisme en images du pèlerin*, édité par la maison de la Bonne Presse, et il choisit quelques-unes des planches en couleurs, qui se rapprochaient le plus des tableaux de missions. Afin de les rendre plus faciles à comprendre, il les entourait de larges marges blanches, sur lesquelles il écrivait, en gros caractères, des sentences expliquant le sens du dessin, puis il les exposait dans l'église à un endroit où les fidèles pouvaient facilement venir les voir. Dans ses gloses, par ailleurs, il en donnait la signification. Nous apprenons par ses notes qu'il en fit usage, pour la première fois, dans une mission au mois de mai 1892.

Satisfait du résultat obtenu par ces quelques images, notre prédicateur en augmenta peu à peu le nombre, et il finit par employer comme décoration de l'église pendant le temps de la mission la collection complète des soixante-dix images du grand Catéchisme. Chaque jour il en ajoutait de nouvelles, si bien que l'église devenait comme un musée pieux, que venaient visiter les fidèles, en dehors des réunions. « C'est, écrivait-il, la plus utile et la plus belle des décorations pour une église, et nous pouvons dire, par expérience, la plus goûtée des fidèles. Même en dehors des offices, beaucoup de personnes de toutes conditions viennent visiter ces tableaux pour les examiner de plus près ».

Voulant faciliter à d'autres cette évangélisation muette, qui lui réussissait si bien, il faisait imprimer sur des bandes de cartons, en gros caractères d'affiche, les sentences explicatives pour chaque tableau (1).

---

(1) *Sentences explicatives pour les tableaux du Catéchisme en images*

Le Diable peint par lui-même.

Dans ces images, quand le sujet le demande, comme sur les tableaux de mission, dont nous avons parlé, le démon est représenté sous la figure traditionnelle, moitié bête, velu avec une queue et des cornes ; il a des pieds de bouc ou armés de griffes. et le plus souvent il brandit une fourche. Cette représentation classique du diable donna à notre missionnaire, l'idée d'en faire exécuter une image séparée. Pour la rendre plus impressionnante, il la fit peindre sur un transparent. Quand il la montrait une première fois la silhouette en noir se détachait sur un fond clair ; puis ensuite, il l'éclairait par derrière et alors elle apparaissait tout entourée de flammes. Il en profitait pour exposer aux fidèles les méfaits de l'ennemi du genre humain, qui, suivant la parole de saint Pierre, rôde sans cesse autour de nous, comme un fauve en quête d'une proie. Il leur parlait de l'enfer et des trois portes qui y donnent accès, des sept chemins qui y conduisent, afin de les mettre en garde contre les ruses du père du mensonge et les préserver de tomber dans ses griffes. « Qui veut aller en enfer ? » demandait-il à ses auditeurs épouvantés.

Guidé par la foi vive qui l'animait, le P. Jean-Baptiste s'était habitué à reconnaître l'action de la Providence dans tout ce qui arrive de bien dans le monde ; nous

---

du Pèlerin. Calais, Imprimerie des orphelins, 1896. Il en fit deux éditions : la première était sur bandes qu'il fallait coller autour de l'image. ce qui demandait assez de travail. La seconde fut sur de larges feuilles de papier fort et entoilé, il n'y avait plus qu'à placer la figure au milieu. Cela prouve que son initiative avait été appréciée.

l'avons vu regarder comme de délicates attentions du ciel les plus petits événements heureux de sa vie. De même, il voyait l'action néfaste du démon dans tout le mal qui était commis par les individus, il le rendait responsable des fléaux qui affligent les nations. Aussi lui portait-il une sainte haine. Elle s'était encore accrue depuis qu'il avait rencontré, dans un grand journal catholique, un portrait du démon tracé par lui-même, que l'on donnait comme dicté à une personne adonnée aux pratiques du spiritisme (1). Il tenait cette dictée pour authentique et

(1) En tête il a écrit : « Le diable peint et jugé par lui-même. » En voici quelques extraits. « Je couvre le monde de ruines, je l'inonde de sang et de larmes, je souille ce qui est pur, je fais tout le mal que je puis faire, et je voudrais pouvoir l'augmenter jusqu'aux proportions de l'infini. Je suis tout haine, tout haine, rien que haine..... Et plus je hais plus je souffre.

« Ma haine et ma souffrance sont immortelles comme moi. Car moi, je ne puis pas ne plus haïr, pas plus que je ne puis pas toujours vivre. Mais veux-tu savoir ce qui accroît encore cette souffrance, ce qui multiplie cette haine ? c'est que je suis vaincu et que je fais tant de mal inutilement. Inutilement ? Non ! non ! puisque j'ai la joie, si l'on peut appeler cela une joie, — si c'était la joie, ce serait l'unique joie que j'aie — de tuer les âmes pour lesquelles Il a versé son sang, pour lesquelles Il est mort, ressuscité, monté au ciel.

« Ah ! oui, je rends vaine son Incarnation, sa mort, la mort de Dieu ; je les rends vaines pour les âmes que je tue Comprends-tu cela ? Tuer une âme ! Il l'a créée à son image, il l'a faite à sa ressemblance, il l'a aimée d'un amour infini. Il a été crucifié pour elle ! Et je la lui prends, je la lui vole, je l'assassine cette âme. Je la damne avec moi ! Et je ne l'aime pas moi, cette âme ; je la hais souverainement et je la damne. Elle m'a préféré à lui. Je ne suis pourtant pas descendu du ciel pour elle, ni mort pour elle, moi !...

« Je l'ai toujours devant les yeux de mon intelligence, oui, tel qu'il était, quand je l'adorais avec de tels transports que tous les cœurs de ses saints se briseraient s'ils les avaient éprouvés comme je les ai ressentis... Comment ai-je perdu tout cela ? J'ai été si heureux, si heureux, si heureux. Je suis si malheureux éternellement. Et je le hais ! si tu savais comme je

il n'hésitait pas à en donner lecture du haut de la chaire et à la commenter.

On a pu le taxer de crédulité trop naïve dans cette occasion, comme en d'autres. Nous ne le condamnons pas, il était en nombreuse et très honorable compagnie, pas plus que nous n'incriminons la simplicité avec laquelle il montrait son diable et le faisait parler. Il n'avait qu'un but : émouvoir les âmes pour leur faire du bien. Ceux qui travaillèrent avec lui nous ont attesté que, si partout cette exhibition n'eut pas les mêmes résultats heureux, en plusieurs paroisses elle contribua à ramener des égarés, en les détournant du démon et des chemins de l'enfer.

Que l'on nous permette de raconter comment finit le

---

le hais ! Lui, sa divinité, son humanité, ses anges, ses saints, sa Mère, sa Mère surtout. C'est elle qui m'a vaincu. Veux-tu comprendre combien je souffre et combien je hais. Et bien ? je suis capable de haine et de douleur dans la même mesure que j'étais capable d'amour et de bonheur. Moi Lucifer, je suis devenu Satan. Celui qui est toujours contraire. En ce moment, j'ai toute la terre dans ma pensée, tous les peuples, tous les gouvernements, toutes les lois. Je tiens les cordes de tout le mal qui se prépare...

« Après, après ! Qu'est-ce qui m'en revient ? Je suis vaincu d'avance. Et pourtant j'ai toujours gagné cela, que je lui tue des âmes. Des âmes immortelles. Des âmes qu'il a payées sur le Calvaire. Ah ! qu'ils sont fous les hommes. On les achète avec un peu d'orgueil, un peu de boue et un peu d'or, ! Crois-tu qu'il souffrirait, dis-moi, LUI, s'il pouvait souffrir. Mais il ne peut pas souffrir. N'importe ! Je lui tue des âmes. Je lui tue des âmes. Je lui tue des âmes ! » (*La Vérité*, du 8 juillet 1895. Cette dictée diabolique est empruntée à une série d'articles publiés dans ce journal entre le 1er avril et le 22 juillet 1895. Ils ont été réunis en un volume sous le même titre qu'ils portaient : *Lucifer démasqué. Souvenirs d'un occultiste*, par Jean Kostka. Paris-Lyon, chez Delhomme et Briguet, 1895).

diable du P. Jean-Baptiste. Un soir qu'il l'avait exposé comme d'ordinaire devant une lampe qui l'éclairait par transparence, le feu se communiqua à la toile et le diable disparut dans un nuage de flammes et de fumée. Il ne le remplaça pas, c'était vers la fin de sa vie de missionnaire, et l'époque ne tardait pas où, comme le disait plaisamment un bon curé, il allait « quitter le diable pour se donner à la bonne Vierge », par la propagande de la dévotion aux Trois *Ave Maria*.

Au confessionnal.

Le ministère de la parole n'est qu'une partie du rôle du missionnaire ; s'il a ses fatigues, il a aussi ses attraits. C'est une satisfaction pour l'orateur sacré, comme pour le profane, que de voir un auditoire attentif à son discours, que de suivre dans son attitude l'intérêt avec lequel il l'écoute, que de sentir qu'il le tient dans sa main et qu'il en est le maître. Toutefois, ce n'est pas pour cela qu'il monte en chaire ; il ne cherche pas un succès éphémère, une émotion transitoire. Son but est plus élevé. Ce qu'il veut, ce sont des âmes, pour les ramener à Dieu, si elles en sont éloignées, pour les affermir dans la voie du salut, si elles y marchent, pour stimuler les négligentes, encourager les bonnes, animer l'ardeur des ferventes.

C'est au confessionnal qu'il s'acquitte de cette seconde partie de son rôle ; la première n'a d'autre fin que d'y amener les auditeurs. Si, comme nous le disons, celle-ci peut avoir des charmes, celle-là manque totalement d'attraits, et l'amour propre n'y trouve aucune satisfaction pour en compenser la fatigue. Si le confessionnal effraye certains pénitents, il n'attire pas davantage le missionnaire. Seul le zèle des âmes l'y conduit et l'y enferme parfois pendant de longues heures, et ce zèle doit être accompagné de patience et d'abnégation.

Parmi les missionnaires, les uns attireront au saint tribunal en prêchant l'évangile de la miséricorde, les autres en inspirant une terreur salutaire des jugements de Dieu. Le P. Jean-Baptiste était de ces derniers, si bien que, dans une de ces missions, un curé qui l'entendait répéter du haut de sa chaire : « La pénitence ou l'enfer », croyait devoir rassurer ses paroissiens en leur disant, que si le Père missionnaire semblait un lion en chaire, au confessionnal il devenait un agneau. Lui-même notait cette appréciation et la faisait suivre de ce commentaire : « En chaire, le missionnaire représente le Dieu des justices, qui fait retentir la voix de son tonnerre ; au confessionnal, il est un père et il tient la place du Dieu des miséricordes ».

Telle est l'idée que notre apôtre se faisait de son double ministère et le programme qu'il s'efforçait de réaliser. Les heureux fruits portés par ses missions sont là pour nous dire qu'il y réussissait, et plus d'un parmi ses auditeurs, devenus ses pénitents, aurait pu dire avec une bonne femme, qui sortait du confessionnal, où elle était entrée en tremblant : « Oh ! mais, c'est plus le même ». Une autre résumait ses impressions en disant : « Ça été fin ben » (tout à fait bien).

CHAPITRE SIXIÈME

TRAVAUX APOSTOLIQUES

Son journal de prédications.

On lit dans la vie du bienheureux Curé d'Ars qu'il souffrait douloureusement à l'audition des péchés, et qu'il éprouvait parfois de véritables nausées, en sortant du confessionnal. Il n'en saurait être autrement pour une âme sacerdotale ; cependant, quand elle est arrivée à dominer son dégoût pour la lèpre des âmes, quelle consolation ne goûte-t-elle pas en prenant dans ses bras une âme égarée, en pansant les plaies que le péché lui a faites, en lui rendant la vie par la sainte absolution, en la ramenant au bercail ! Oui, le missionnaire est consolé de ses longues séances au saint tribunal, quand il peut constater que Dieu a daigné se servir de son ministère pour convertir un pécheur. N'en aurait-il ramené qu'un seul, au cours d'une mission, qu'il estimerait n'avoir perdu ni son temps ni sa peine. Il voudrait sans doute, comme le pêcheur qui jette ses filets, faire une capture abondante de gros poissons, mais il sait bien que c'est Dieu seul qui peut rendre une pêche miraculeuse.

Le P. Jean-Baptiste eut souvent la consolation de

prendre ainsi de gros poissons, et il en notait le nombre
à la fin de ses missions, non pour s'en attribuer le
mérite, mais pour remercier le Père des lumières de
qui procède tout bien. Il tenait en effet très exactement
le *Journal* de ses prédications, qui nous permet de le
suivre partout où il passa, semant le bon grain de la
parole de Dieu. Nous savons par là que, pendant les
neuf années qu'il demeura au couvent de Calais, du
mois d'août 1888 au mois de mai 1897, il avait prêché
cent-douze missions ou retraites, sans compter d'autres
prédications moins importantes et une foule de sermons
isolés.

La plupart de ces exercices avaient eu lieu dans le
diocèse d'Arras, quelques-uns dans celui de Cambrai.
Parfois, il avait été appelé pour prêter son concours
aux religieux d'autres couvents ; on l'avait aussi demandé dans le diocèse de Blois. Le premier à l'inviter ainsi
fut son oncle, l'abbé David, curé de Saint-Georges-sur-
Cher. La *Semaine religieuse* du diocèse a publié un
long compte-rendu de cette mission. Citons-le en
partie.

La Mission de Saint-Georges-sur-Cher.

« Depuis près d'un mois, lisait-on dans le numéro
du 12 avril 1890, le R. P. Jean-Baptiste évangélisait
cette paroisse vaste et populeuse. Malgré les distances
de villages éloignés, malgré les travaux de la campagne,
déjà importants à cette époque de l'année, le courant de
sympathie qui s'établit de suite entre le missionnaire
et la population, accrut vite le nombre de ses auditeurs ».

Ouvrons ici une parenthèse pour rappeler que le P. Jean-Baptiste était bien connu à Saint-Georges ; c'est là qu'il avait commencé le latin et il y était souvent revenu pendant ses vacances. Il y eut donc, au commencement, un attrait de curiosité ; on voulait revoir et entendre « le petit Jousse, » qu'on avait autrefois connu séminariste.

« L'excellent religieux, jeune, plein d'ardeur, d'entrain et de dévouement, eut bientôt conquis un véritable ascendant et put se rendre compte qu'à Saint-Georges on était loin de repousser la parole de Dieu. Il eut l'excellente idée de convoquer les hommes à des réunions particulières. La première fut signalée par une affluence inouïe ; plus de six cents hommes répondirent à l'appel et écoutèrent dans le plus grand silence, la parole si apostolique de celui qui avait soif de leur faire du bien, et qui leur démontra, dans un langage simple, mais par des arguments sans réplique, la nécessité d'une religion. Une seconde réunion, quoique moins nombreuse, eut un égal succès et une physionomie toute religieuse. Aux sermons du soir, qui ont occupé toute la Semaine Sainte, l'empressement a été le même, la tenue très correcte et l'ensemble des exercices très satisfaisant. Le R. Père a eu la consolation inestimable de voir ses efforts couronnés par un succès, relatif évidemment, mais digne d'être signalé. Un bon nombre de personnes qui avaient négligé leurs devoirs depuis plusieurs années, se sont rendues aux invitations si pressantes du missionnaire. Si, parmi les hommes, les retours ont été plus rares, on est en droit d'espérer pourtant, que la sainte parole tombée de lèvres si pieuses

et si dévouées, ne sera pas sans porter des fruits, à
l'heure marquée par Dieu.

« La mission devait se terminer par la bénédiction
d'un Calvaire, dont M. le Curé de Saint-Georges avait
conçu le projet, lors de son pèlerinage en Terre-Sainte.
Elevé près du Champ des morts, sur le haut plateau qui
domine la vallée du Cher, avec un rocher artificiel construit pour vaste piédestal, ce monument qui comprend,
outre les trois personnages en croix, les statues de saint
Jean et de la Sainte Vierge, et une crypte pour le Christ
au tombeau, est d'un effet des plus saisissants ».

La cérémonie eut lieu le dimanche de Pâques, après
les vêpres. On évalue à quatre mille personnes le
nombre des assistants, et parmi eux on comptait
quatorze prêtres. « L'imposant cortège, parti du presbytère, se déploya à travers la rue principale ; sur un
immense brancard dont les draperies disparaissaient
sous des couronnes de verdure et de fleurs, on avait
placé le Christ de bronze qui devait être fixé à la croix :
au devant, trois enfants vêtus de blanc portaient, sur des
coussins rouges, les insignes de la Passion. On arriva
près du Calvaire, au chant des cantiques, et quand le
Christ eut étendu ses bras sur la croix comme pour bénir
l'assistance, la voix du P. Jean-Baptiste, visiblement
ému, trouvait un écho dans la foule attendrie, à mesure
qu'il énumérait les enseignements que, du haut de cette
chaire douloureuse, Notre-Seigneur donne aux chrétiens. »

Son sermon achevé, les acclamations retentirent :
« Vive Jésus-Christ. Vive la Croix ! » Le silence rétabli,
le prédicateur adressait de touchants adieux à la foule.

« Monsieur le Curé, continue le narrateur, aurait certainement félicité le missionnaire et lui aurait assuré des remerciements pour un succès qui dépasse toutes les espérances, — mais l'oncle ne pouvait pas féliciter le neveu » (1). En 1898, le P. Jean-Baptiste reviendra à Saint-Georges pour y prêcher les retraites de première communion et de confirmation, il assistera ainsi aux noces sacerdotales de son vénérable oncle.

La mission de Cremarest.

Plus consolantes encore avaient été d'autres missions, données dans le diocèse d'Arras, où les populations sont plus religieuses. Qu'on nous permette de faire un emprunt au bulletin officiel du diocèse. « Le vénérable curé de Cremarest, canton de Desvres, vient de faire donner une mission à ses paroissiens, par un père capucin de Calais, le R. P. Jean-Baptiste. Cette mission, qui a duré trois semaines et qui a coïncidé avec les fêtes de la Toussaint et des morts, a attiré un monde considérable à l'église de Cremarest, monde venu non seulement de la paroisse, mais aussi des villages voisins.

« Le R. P. Jean-Baptiste, — apôtre zélé et bien connu de la région, — prêchait deux fois par jour. A chaque fois un auditoire nombreux venait écouter sa parole éloquente, claire, surtout simple et pratique,

---

(1) Plusieurs fois dans le *Propagateur*, le P. Jean-Baptiste a parlé du Calvaire de Saint-Georges, dont il a donné une gravure ; mais tout cela ne rentre pas dans notre cadre. (Voir ann. 1904, pag. 173, 211 et 335 : ann. 1908, pag. 189 et 255).

comme il convient pour les populations de nos campagnes. Les dimanches et le jour de la Toussaint, aux messes et aux vêpres, l'église, qui pourtant est assez vaste, était littéralement pleine. Aux saluts, surtout la dernière semaine, il a fallu mettre les enfants sur les marches des autels latéraux et emprunter des chaises et des bancs dans le village, tant l'affluence était grande. Même plusieurs personnes ont dû écouter la parole de Dieu dans le cimetière par l'entrebaillement de la porte.

« Presque tous les habitants, hommes et femmes, se sont approchés du tribunal de la pénitence. La paroisse de Cremarest compte six cents âmes, dont deux cents enfants, et pendant ces trois semaines on a compté plu de trois cents communions » (1).

Pèlerinage à Jérusalem.

Le séjour du P. Jean-Baptiste à Calais, durait depuis bientôt neuf ans. Il avait parcouru dans tous les sens le diocèse d'Arras, où son ministère était apprécié et fructueux. Pour le récompenser de son zèle et l'encourager à persévérer, avec l'agrément du Ministre général, requis en pareille circonstance, le P. Provincial lui accordait de prendre part au Pèlerinage de pénitence à Jérusalem, qui devait avoir lieu aux mois de mai et de juin 1897. Une pieuse personne, empêchée d'entreprendre ce long voyage, l'avait prié de la représenter et prenait tous les frais à sa charge.

----

(1) *Semaine religieuse du diocèse d'Arras, Boulogne et Saint-Omer*, du 18 novembre 1892.

Nous espérions trouver dans les papiers du Père quelques souvenirs des impressions qu'il ne pouvait manquer de ressentir dans cette visite aux Lieux-Saints ; nous avons été déçu dans notre attente. Tout ce qu'il a laissé consiste en un petit carnet de poche, sur lequel il a inscrit, au jour le jour, les endroits visités, avec une brève indication des souvenirs qui s'y rattachent. Nous n'essayerons pas de suppléer à son silence, suivons-le rapidement dans ce voyage.

Après avoir visité, en passant par Lyon, la basilique de Notre-Dame de Fourvière, où il dit la messe, il monta également à Notre-Dame de la Garde, à Marseille, avant de s'y embarquer, le 11 mai, sur la *Nef du Salut*. Le 19, les pèlerins débarquaient à Caïffa, et, par Nazareth, gagnaient Jérusalem, où ils arrivaient, le 24, pour y célébrer les fêtes de l'Ascension et de la Pentecôte. Avec eux, notre P. Jean-Baptiste rayonnait dans les lieux environnants, et après avoir pris part à toutes ces excursions, prié et offert le saint sacrifice dans les sanctuaires les plus vénérés, il quittait la Ville Sainte, le 11 juin, pour être de retour à Marseille, le 23. Le surlendemain, fête du Sacré-Cœur, il célébrait une messe d'actions de grâces à Montmartre et il achevait son itinéraire en écrivant brièvement : *Deo gratias et Mariae*, « Merci à Dieu et à Marie ».

Il est des impressions que la parole ne saurait rendre et que la plume est impuissante à exprimer. Celles du P. Jean-Baptiste durent être de cette nature, il les garda au plus intime de son cœur, sans essayer de les traduire.

Sa dévotion au Chemin de la Croix.

Nous aimons à penser qu'il avait mérité la faveur de faire ce pèlerinage par sa grande dévotion à la Passion de Notre-Seigneur et au Chemin de la Croix. Depuis sa jeunesse religieuse, il faisait fréquemment ce saint exercice ; tous les jours quand il le pouvait. Jusqu'à la fin de sa vie, il demeura fidèle à cette pieuse pratique et elle était, chaque soir, le couronnement de ses journées laborieuses.

Sans nul doute, lorsqu'il parcourait ainsi les stations douloureuses, il revoyait les lieux qui en furent le théâtre. Un jour, qu'il devait du haut de la chaire, suggérer aux fidèles les pensées propres à chacune de ces stations, il commençait par ce souvenir personnel : « Je n'oublierai jamais les profondes émotions que j'ai éprouvées en suivant ces stations dans les lieux mêmes où Notre-Seigneur a tant souffert pour nous ».

A-t-il fait, en d'autres circonstances, allusion à son pèlerinage de Terre Sainte ? C'est probable, car nous avons encore rencontré la suivante, au commencement d'une instruction sur la Sainte Famille : « Un des plus doux souvenirs de mon pèlerinage à Jérusalem est sans contredit, la gracieuse petite ville de Nazareth, avec tous les souvenirs particuliers qui s'y rattachent. Assise sur le flanc des montagnes, le long d'une des plus belles vallées de la Palestine, elle mérite justement son nom de Nazareth, qui en hébreu, signifie Ville des fleurs. Oui, vraiment, Nazareth est la ville des fleurs, car outre celles que produit la nature, elle a vu s'épanouir sous son beau ciel les trois plus belles fleurs : Jésus, Marie et Joseph. »

Changement de résidence.

Le P. Jean-Baptiste était à peine rentré à Calais qu'il recevait l'obédience qui le fixait au nouveau couvent de Blois. Avant de l'y suivre, nous voulons dire que son souvenir n'est pas oublié dans le diocèse d'Arras.

Dans les derniers jours du mois de février 1920, une lettre arrivait à son adresse aux bureaux du *Propagateur*. Elle venait d'une commune du Pas-de-Calais, où la nouvelle de sa mort n'était pas encore parvenue. Le curé du lieu, chez lequel il avait jadis prêché une mission, lui écrivait : « Il y a vingt ans, le 16 février, par 16 degrés de froid, il m'arrivait à Simencourt un petit capucin, et Dieu sait combien de fois, depuis lors, j'ai pensé à ce petit père. J'avais su indirectement qu'il était parti pour Blois, et, il y a quelques jours, j'ai lu quelque part le *Propagateur des Trois Ave Maria*. A coup sûr, me suis-je dit, ça ne peut être que le P. Jean-Baptiste, et je me hasarde à envoyer ces lignes, espérant qu'elles lui arriveront.

« O Père bien aimé, que je serais content de vous recevoir !... Je suis curé d'un petit village de trois cents habitants. J'y suis fort populaire et bien vu, mais on croit que la messe, c'est comme la promenade : on y va si l'on veut... Jamais il n'y a eu de mission en règle. Alors que tous nos soldats sont à peu près de retour, je voudrais bien trouver un missionnaire *ad hoc*. Ah ! si vous pouviez venir huit ou quinze jours, je serais au comble de la joie. De grâce, écoutez ma requête, vous êtes l'homme qu'il me faut... »

Au couvent de Blois.

On lisait dans la Semaine religieuse de Blois, à la date
du 1ᵉʳ juin 1895 : « Ce n'est plus un secret pour personne, Blois va bientôt avoir une colonie de Capucins.
Leur maison est toute prête à les recevoir, là-haut, tout
près de Saint-Lazare, à l'orée des plaines de Beauce, qui
semblent s'ouvrir comme un vaste champ à leurs apostoliques labeurs. Ils seront assez près de la ville pour
rendre à nos compatriotes tous les services qu'on peut
attendre de saints religieux, et assez loin pour n'être
point distraits dans leurs pieuses méditations. La popu-
larité dont jouissent à Blois les RR. PP. Capucins
leur garantit le meilleur accueil à leur arrivée parmi
nous ».

Ils étaient en effet connus dans la ville ; de longue
date, on avait vu leur robe de bure dans les chaires de
la Cathédrale et de Saint-Nicolas. Depuis la mission
de Chémery, prêchée comme nous l'avons dit, par les
soins du P. Jean-Baptiste, nos religieux avaient évan-
gélisé de nombreuses paroisses du diocèse, lui-même y
était venu plusieurs fois. Comme prise de possession, les
nouveaux hôtes de Blois, sur la demande de Monseigneur
Laborde, qui les appelait, prêchèrent avec de consolants
résultats, une mission générale dans les églises de la
ville, pendant le carême de 1896. Ils y étaient donc ins-
tallés, depuis plus d'un an, quand le P. Jean-Baptiste
recevait son obédience pour le couvent de Blois, où il
arrivait le 10 juillet 1897, date qu'il avait probablement
choisie, car c'était un samedi.

La mission de Busloup.

Notre missionnaire se trouvait transporté dans un milieu bien différent de celui où il avait travaillé jusqu'alors. Il n'était cependant pas nouveau pour lui, et ses travaux apostoliques n'avaient pas été sans lui apporter des consolations. Il en sera encore de même, et, pour preuve, nous citerons deux comptes-rendus de missions qu'il prêcha dans le diocèse de Blois.

« Le temps pascal a bien vraiment été pour la paroisse de Busloup un temps de résurrection et de joie. Le dimanche de Quasimodo, le R. P Jean-Baptiste, capucin de la maison de Blois, commençait les exercices d'une mission qui dura trois semaines et parut trop courte. Pendant tout ce temps, un souffle de grâce a visiblement passé sur cette paroisse, qui semblait si peu accessible à l'enthousiasme religieux. Le père missionnaire n'a rien négligé pour se concilier, — et avec un succès toujours croissant, — la sympathie et l'intérêt du nombreux auditoire qui vint chaque soir pour l'écouter.

« Citons parmi les cérémonies de la mission qui ont le plus touché les fidèles, la fête des enfants, la consécration à la Sainte-Vierge, la fête de la Réparation, et surtout cette dernière cérémonie pendant laquelle plusieurs centaines de fidèles défilèrent dans le chœur de l'église brillamment illuminée, pour baiser les pieds sanglants du magnifique Christ, payé par tous les habitants de la paroisse. Et puis, qui redira la joie des Anges du ciel en voyant, pendant ces trois semaines, plus de deux cents chrétiens se succéder à la Table sainte, dont beaucoup reprenaient le chemin depuis longtemps oublié ?

« Mais la fête incomparable de la mission — manifestation grandiose de la foi réveillée dans les âmes, — nous l'eûmes dimanche dernier, à l'issue des vêpres. Nous avons vu le Christ porté triomphalement à travers les rues, sur un immense brancard, couvert de fleurs ; soixante hommes et jeunes gens, ayant fièrement attachée sur leurs poitrines la croix du Sauveur, se relayaient, douze par douze, sous ce divin fardeau, pendant que les tambours battaient aux champs. Nous avons vu cet immense et triomphal cortège, dominé de bien haut par l'image du Rédempteur, entourée d'angéliques enfants, qui portaient les instruments de la Passion : nous avons pu contempler sur la colline du crucifiement le corps du divin Crucifié, s'élevant lentement sur la croix monumentale, au milieu des acclamations et des larmes des assistants : et nous ne pouvions nous lasser de remercier le Dieu qui a bien voulu reprendre possession de tant de cœurs et de bénir l'humble fils de saint François qui a su lui en ouvrir les portes » (1).

Un procès-verbal sans effet.

Ces grandioses manifestations de foi ne pouvaient toujours se produire avec la même liberté, comme il arrivait à Villermain, à la fin de cette même année 1898. Laissons parler le correspondant de la *Semaine religieuse*.

« Une mission vient d'être prêchée à Villermain par le R. P. Jean-Baptiste, capucin de la maison de Blois. Commencée le 4 décembre, la mission s'est terminée le

____

(1) *Semaine religieuse du diocèse de Blois*, du 14 mai 1898

saint jour de Noël. Pendant ces trois semaines, le R. P. Jean-Baptiste s'est dépensé avec un zèle, un dévouement dont Dieu seul connaît la mesure. Tous les exercices ont été suivis par les fidèles avec un empressement qui n'a fait que grandir de jour en jour, si bien que, dimanche dernier, l'église était littéralement remplie pour la clôture de la mission.

« Mais, à Villermain, hélas ! comme en beaucoup d'autres communes, la liberté n'est qu'un mot, et un arrêté, pris en 1897, défend au Dieu de l'Eucharistie la voie publique. Et l'occasion ne se présentait-elle pas d'appliquer un arrêté aussi vexatoire, aussi intolérant. C'est ce que pensa Monsieur le Maire, et, à l'issue des vêpres, alors qu'un nombre considérable d'hommes, de femmes, de jeunes gens, de jeunes filles, précédés du R. P. Jean-Baptiste, se dirigeaient, sans croix ni bannière, ni clergé en habit de chœur, vers le jardin du presbytère, où devait avoir lieu l'érection solennelle de la Croix de la mission, M. le Maire, ceint de son écharpe, s'avançait au devant du cortège et sommait, au nom de la loi, le R. P. Jean-Baptiste de s'arrêter. En même temps, il faisait dresser procès-verbal par le garde-champêtre, pour infraction à son arrêté municipal.

« La réponse ne se fit pas attendre, et la vaillante population de Villermain salua le divin Rédempteur de ses acclamations et entonna le cantique « Vive Jésus ». Puis la cérémonie se termina par une allocution vibrante du R. P. Jean-Baptiste » (1).

La chose n'eut pas de suites, car notre missionnaire

______

(1) *Semaine religieuse*, du 31 décembre 1898.

se contenta de noter dans son *Journal* de prédications :
« Plantation de Croix, manifestation, foule, bâtons,
fusils, intervention du Maire. Enthousiasme des hommes :
Vive Jésus : Vive sa Croix ! »

Nous apprenons par ce *Journal* que, depuis son
arrivée à Blois, en 1897, jusqu'à la fin de 1901, le P.
Jean-Baptiste prêcha quatorze missions, au moins autant
de retraites et un bon nombre de sermons pour des tri-
duums, fêtes patronales, etc., sans parler des instructions
dans les chapelles de la ville et dans l'église du couvent.
Toutefois son activité trouvait moins d'occasions de
s'employer qu'elle n'en avait eu à Calais. La Providence
avait en cela ses desseins : après avoir été apôtre d'une
façon générale, le P. Jean-Baptiste allait devenir, comme
il l'avait toujours ambitionné, l'Apôtre de la Très Sainte
Vierge, par la dévotion aux Trois *Ave Maria*.

CHAPITRE VII

LES TROIS AVE MARIA
DÉBUTS DE CET APOSTOLAT

Le journal des trois Ave Maria.

PEU de mois avant de clore son *Journal de Prédications,* le P. Jean-Baptiste en avait commencé un autre intitulé *Journal intime des Trois « Ave Maria ».* C'était le 21 mai 1901. Il débute ainsi : « Au nom du Seigneur et de Marie, sa très sainte Mère, je commence ici la relation intime de tous les faits récents qui concernent la salutaire pratique des Trois *Ave Maria.* Cette relation est plutôt une ébauche et un brouillon. Pour ce qui est du passé, j'omettrai ou j'oublierai bien des détails et des faits intéressants qu'il aurait été utile de noter au jour le jour. Aussi, à l'avenir, je me propose de relater au fur et à mesure les faits qui pourront se produire, relativement aux Trois *Ave Maria* ».

Comment il connut cette pratique.

« Le premier souvenir que j'aie d'avoir entendu parler des Trois *Ave Maria* remonte à mon noviciat ; il y a donc bientôt vingt ans. Le T. R. P. Prosper, alors maître des novices, aimait à nous parler de saint Léonard de Port-Maurice et à nous proposer les pratiques qu'il recommandait lui-même, entr'autres les Trois *Ave Maria*, récités matin et soir, et l'invocation : « Mon Jésus, miséricorde ! ». Toutefois il nous entretint très peu de la première, qu'il donnait plutôt comme un moyen de zèle, dans l'exercice du saint ministère. Néanmoins, la semence était jetée, et, fécondée par la grâce divine, elle devait produire ses fruits.

« Depuis ce temps de mon noviciat, j'aimai beaucoup saint Léonard et je m'affectionnai à ses ouvrages, que je me mis à lire dès que j'en eus la facilité. Je n'eus pas de peine à remarquer l'importance qu'il attachait à la sainte pratique des Trois *Ave Maria*. J'en fus même frappé, et, dès ce moment, je pris la résolution de la recommander toutes les fois que j'en aurais l'occasion, surtout en prêchant ».

Il commence à prêcher les Trois « Ave Maria ».

« De fait, lisons-nous au même endroit, dès que je commençai à prêcher, j'insistai beaucoup sur la fidélité à réciter les Trois *Ave Maria,* le matin et le soir, et cela tant auprès des grandes personnes que des enfants, promettant le paradis à ceux qui y seraient constamment fidèles ».

Il faudrait avoir assisté aux débuts du P. Jean-Baptiste comme missionnaire, pour contrôler l'exactitude de ses souvenirs. Le seul moyen que nous ayons eu pour nous renseigner a été de relire ses premiers sermons sur la Très Sainte Vierge, et nous devons dire que nous n'y avons pas rencontré cette pratique recommandée aussi explicitement qu'il le rapporte. A la suite des saints, il insiste fortement sur la dévotion envers Marie, il la donne comme un moyen de sanctification, et il indique les pratiques de piété les plus efficaces pour obtenir la protection de la divine Mère : le Scapulaire, le Rosaire, qu'il conseille de réciter en entier au moins une fois par semaine, et il ajoute : « Du moins, ne manquez pas de dire, soir et matin Trois *Ave Maria* pour la persévérance finale ». Ces paroles sont empruntées à un de ses tout premiers sermons.

Nous en avons vu plusieurs autres, et nous croyons pouvoir en conclure que, pour lui à cette première époque de ses prédications, les Trois *Ave Maria* étaient un *minimum*, qu'il conseillait à ceux qu'effrayait la récitation quotidienne de quelques dizaines de chapelet. Le moins est dans le plus ; aussi ne pensait-il pas à recommander les Trois *Ave Maria* à qui récitait déjà le Rosaire. Dans la suite, il se fera une évolution dans son esprit au sujet de cette dévotion, mais au commencement il en était comme nous venons de le dire ; sa pratique personnelle est là pour nous le confirmer.

Il a été parlé plus haut de ses *Résolutions* pour sa vie de missionnaire. Suivant son habitude, le P. Jean-Baptiste détermine avec minutie ses exercices de piété, il fixe les prières qu'il récitera chaque jour. Les Trois *Ave Maria* n'y figurent pas, et nous sommes au mois de septembre 1891 ; par conséquent, il prêchait déja depuis trois ans. Qu'y trouvons-nous? Le soir, avant de prendre son repos, il récitera diverses prières indiquées « à Dieu et à Notre-Seigneur », puis à Marie, savoir cette invocation : *Per sanctissimam virginitatem et immaculatam Conceptionem tuam, o purissima Virgo, munda cor meum et carnem meam, in nomine Patris, et Filii, et Spiritus sancti.* « Par votre très sainte virginité et par votre immaculée Conception, Vierge très chaste, purifiez mon cœur et mon corps, au nom du Père, du Fils et du Saint-Esprit ». Ensuite, continue-t-il, « je réciterai encore UN *Ave Maria*, en l'honneur de la pureté de Marie, afin d'obtenir une parfaite pureté d'esprit, de cœur et de corps, puis quelques invocations... »

Plus tard sur le mot UN il traça le chiffre 3. Cette surcharge est faite avec une encre différente de celle dont il se servait quand il écrivait ses *Résolutions*. Nous ne pouvons déterminer à quelle époque il la fit, mais cela importe peu pour l'histoire des premiers temps de sa prédication.

Prédicateur de Marie.

Qu'il ait modifié de bonne heure sa manière de prêcher les Trois *Ave Maria*, nous ne le nierons pas ; cela dut provenir des effets merveilleux de cette pieuse pratique, qu'il lui était donné de constater, et aussi, comme il l'écrit, d'une inspiration de sa bonne Mère du ciel, à laquelle il devait sa vocation religieuse. Ecoutons-le : « C'est sans doute et même très sûrement la Très Sainte Vierge qui m'a inspiré ce beau zèle. D'ailleurs je me souviens, dès le début de mon ministère, d'avoir ambitionné le titre de *Prédicateur de la Très Sainte Vierge*, en ce sens que je voulais lui appartenir comme prédicateur et la faire aimer de tout mon pouvoir. Aussi, depuis ce temps, je me suis appliqué à ne jamais prêcher sans dire au moins son Nom béni ».

Dans tous les sermons du P. Jean-Baptiste que nous avons parcourus, nous avons pu constater que toujours l'exorde se termine par une invocation à la Reine du ciel, qui varie suivant les sujets. Et une fois qu'il eut commencé à prêcher la pieuse pratique, il se rendait le témoignage de n'avoir jamais été dans une paroisse, pour une prédication quelconque, sans en avoir profité pour recommander les Trois *Ave Maria*. Quand il lui arrivait de retourner au même endroit, il s'informait si l'on avait été fidèle à la salutaire pratique et la recommandait avec de plus pressantes instances.

Au confessionnal.

Si notre prédicateur enseignait ainsi du haut de la chaire la dévotion des Trois *Ave Maria*, c'était surtout au saint tribunal qu'il insistait le plus fortement. Depuis longtemps il connaissait les exhortations que saint Léonard de Port-Maurice, qu'il avait pris pour modèle, adressait aux directeurs d'âmes. En étudiant les œuvres de saint Alphonse de Liguori, il avait également remarqué avec quelle fréquence le saint Docteur conseille cette prière et engage les prédicateurs et les confesseurs à la recommander et à la donner comme pénitence sacramentelle. C'est pourquoi, écrit-il, « presque toujours je donnais cette pratique comme pénitence, pendant huit jours, ou plus, à ceux qui n'en avaient pas l'habitude. Je la conseillais, en outre, à presque toutes les personnes qui se présentaient à moi ».

Bientôt il lui était donné de constater les salutaires et merveilleux effets de la récitation quotidienne des Trois *Ave Maria*. Quelquefois, rarement toutefois, quand il conseillait ce pieux usage, il lui arriva de rencontrer des personnes qui y étaient déjà fidèles, les unes depuis dix ou vingt ans, les autres depuis quarante et même cinquante ans : « Chaque fois je m'apercevais, note-t-il, que cette fidélité leur avait mérité des grâces particulières de persévérance ou de préservation. Sans être d'une piété extraordinaire, pour la plupart elles menaient une vie vraiment chrétienne et avaient tous les signes de la prédestination ».

C'était surtout pour la correction des mauvaises habitudes, en particulier pour tout ce qui touche à la belle vertu, qu'il remarquait la puissance de cette pratique. « J'ai très souvent constaté que le nombre des fautes allait en diminuant et que ces personnes finissaient par se corriger. Plusieurs même ont mené dans la suite une vie très parfaite et obtenu la grâce de la vocation religieuse ». Tout cela n'était-il pas fait pour l'encourager à continuer son apostolat des Trois *Ave Maria ?*

Les petites feuilles de propagande.

Le P. Jean-Baptiste connaissait bien le vieil adage : *verba volant, scripta manent ;* les paroles s'envolent, les écrits demeurent. Il en est de la parole du missionnaire comme de toute autre. Quand elle frappe l'oreille, elle peut atteindre le cœur, l'émouvoir, y laisser une impression profonde ; il faut craindre cependant que bientôt elle ne s'efface, si rien ne reste pour rappeler le souvenir de la mission, des résolutions prises et des moyens de persévérance.

Dans le but de prévenir ce danger, dès les premières années de son ministère, vers 1890, a-t-il noté, il commença à faire imprimer de petits feuillets, de deux ou quatre pages, faciles à placer dans un livre de prières, qu'il distribuait comme *Souvenir de mission* ou de *retraite*. Il en est qui portent ce titre, d'autres étaient intitulés : *Tout à Jésus par Marie et Joseph ; Grands moyens de salut et de sanctification*. Ce furent les deux premiers, que beaucoup d'autres suivirent.

Celui *Tout à Jésus* renferme quelques prières, une après la communion : « O bon et très doux Jésus » ; des *Prières quotidiennes à la Très Sainte Vierge,* dont la première est ainsi énoncée : « Trois *Ave Maria,* matin et soir, pour obtenir la grâce de la persévérance finale », puis le *Souvenez-vous* et la consécration *O ma Souveraine, ô ma Mère !* enfin la prière efficace à saint Joseph : *Père et protecteur des vierges.*

Les *Grands moyens de salut et de sanctification,* qu'il propose par le second feuillet, sont la prière, que saint Alphonse appelle le grand moyen. Un autre, non moins efficace, est la dévotion à Marie, et parmi les pratiques à adopter il conseille « les trois *Ave Maria* à réciter, matin et soir, au moins une fois le jour, pour obtenir la grande grâce de la persévérance finale. C'est, continue-t-il, la Très Sainte Vierge elle-même qui a enseigné cette petite pratique à sainte Mechtilde, et qui a promis la grâce d'une bonne mort à ceux qui y seraient constamment fidèles. De nombreux exemples attestent l'efficacité de cette pratique. Aussi des saints, comme saint Léonard de Port-Maurice, franciscain, et saint Alphonse de Liguori, l'ont-ils vivement recommandée, en chaire comme au confessionnal. Nous ne saurions donc trop la recommander nous-mêmes, à la suite de personnages si autorisés ». Les autres moyens à prendre sont la fréquentation des sacrements et le Tiers-Ordre de saint François (1).

Dans le *Souvenir de ma première communion*, Jésus indique à l'enfant les résolutions à prendre pour persévérer, et la quatrième est la suivante : Je réciterai toute ma vie trois *Ave Maria*, le matin et le soir, pour obtenir la pureté et la persévérance finale. J'y ajouterai le matin : « Marie, ma bonne Mère, préservez-moi du péché mor- « tel pendant ce jour » ; le soir : « Marie, ma bonne « Mère, préservez-moi du péché mortel pendant cette « nuit ».

La première des *Résolutions générales* qu'il conseille dans le *Souvenir de mission*, est celle-ci : « Chaque jour je réciterai fidèlement ma prière du matin et du soir, à laquelle j'ajouterai trois *Ave Maria*, pour obtenir la grâce de la persévérance finale ».

Outre ces quatre feuillets, qu'il dit avoir été les premiers, le P. Jean-Baptiste en fit encore imprimer beaucoup d'autres. Nous avons entre les mains un *Souvenir de retraite de pensionnat*, daté de 1894 ; il y indique les résolutions à prendre et la première est encore la récitation des Trois *Ave Maria*, matin et soir. Ce feuillet donne ensuite les *Dix commandements du*

______

(1) Plus tard il réédita cette feuille avec le titre de *Grands moyens de salut et de persévérance*. Elle est moins complète pour ce qui regarde les Trois *Ave Maria*.

Pensionnat, suivis des *Six commandements de la Sainte Vierge.* Le second de ceux-ci concerne sa chère pratique :
> « Chaque jour vous réciterez
> Trois bons *Ave* fidèlement » (1).

Il serait trop long de parler en détail de chaque petite feuille ; dès 1895 il en avait édité une douzaine, nous en trouvons vingt indiquées sur la couverture d'un opuscule qui parut en 1898, nous en donnons les titres au bas de la page (2).

Sa dévotion à saint Antoine de Padoue.

Deux cependant méritent une mention spéciale : ce sont ceux qui ont trait à saint Antoine de Padoue. Le zélé propagateur des Trois *Ave Maria* ne le regardait

---

(1) Nous ignorons l'auteur de ces *Commandements* ; le P. Jean-Baptiste reproduisit ceux de la Sainte Vierge dans le *Propagateur*, année 1904, p. 151.

(2) Prières usuelles du chrétien. (*Feuille très utile*). — Les grands moyens de salut et de sanctification. — Prières à la sainte Famille. — La Dévotion au Sacré-Cœur. Pratiques et prières. — La Dévotion à Marie, gage de prédestination. Pratiques. — Le Saint Rosaire. Méthode, mystères, indulgences. — Le Cordon de saint François d'Assise. — Litanies de saint Antoine de Padoue. — Le Ciel ouvert aux âmes du Purgatoire. Petit recueil d'indulgences. — Trois belles prières à Dieu, au Saint-Sacrement, à Marie. — Le Trésor des âmes pieuses. Prières choisies. — La vertu de Pénitence et une petite méthode de confession. — Les dévotions franciscaines, pour les Tertiaires. — La journée sanctifiée. Détails pratiques. — A ceux qui souffrent. Conseils et consolations. — L'amour de Dieu. Pratiques et moyens. — Souvenir de la retraite des petits enfants. — Souvenir de ma première communion. — Souvenir d'une retraite au pensionnat. — Notice sur le Bref et la nouvelle Médaille de saint Antoine de Padoue. — Plusieurs de ces feuillets ont été insérés dans le *Propagateur*, d'autres ont été réédités et se trouvent toujours aux bureaux de la revue.

pas encore comme un des apôtres de sa chère pratique, mais il avait une grande dévotion envers le « Saint aux miracles », dont le culte se répandait merveilleusement à cette époque, avec l'usage du pain de saint Antoine. Dans le but de contribuer à faire connaître cette dévotion, il fit imprimer une petite feuille renfermant les *Litanies de saint Antoine,* le *Répons miraculeux* suivi d'une prière et du *Bref ou Exorcisme de Saint Antoine,* à réciter dans les tentations de désespoir. Il ajoutait à cette formule : « Ce bref ou exorcisme fut donné par saint Antoine lui-même à une personne qui était atteinte de tentations de désespoir, et qui, l'ayant récité, fut immédiatement délivrée. Il est bon de porter continuellement ce bref sur soi».

Grâces obtenues par ce Bref.

Il pouvait d'ailleurs citer des exemples de la protection du saint Thaumaturge obtenue de cette façon. Nous avons trouvé dans ses papiers le récit que voici : « Une personne de Calais, mère de famille, souffrait depuis plusieurs années de crises nerveuses, causées par une imagination surexcitée, qui lui faisait voir des fantômes pendant la nuit. On avait beau la raisonner, la rassurer, rien ne pouvait la calmer. Les crises prenaient parfois un caractère si aigu et si violent qu'il ne fallait pas moins de trois ou quatre hommes pour la tenir. Un jour, elle vint à notre couvent, se recommander aux prières. Le religieux qui la reçut la recommanda à son tour à saint Antoine, l'engagea à faire une neuvaine en l'honneur de ce grand Saint et lui remit le Bref miraculeux, en lui disant de le porter sur elle et de le réciter. À partir de ce moment les fantômes et les crises disparurent comme par enchantement. Voilà, conclut-il, un fait certain, dont j'ai été témoin » (1).

Il en citait plusieurs autres encore dans un sermon sur la dévotion à saint Antoine, mais nous ne saurions dire s'il y fut mêlé, comme à celui que nous venons de rapporter. Toujours est-il que, pour rendre plus facile cette pieuse habitude de porter sur soi le Bref du saint de Padoue, il fit frapper une médaille portant d'un côté l'effigie du Saint et de l'autre le dit exorcisme en abrégé, avec la croix au milieu, à l'instar de la médaille de saint Benoît. Disons, pour les amateurs de précision, que ce fut au mois d'août 1896 (2).

Vers le même temps, il faisait également frapper une autre médaille de saint François, portant au revers la bénédiction bien connue qu'il donna au frère Léon et à laquelle sont attachées des grâces singulières de préservation.

Campagne anti-maçonnique.

Il y eut encore deux petites feuilles, qui ne sont pas mentionnées dans le catalogue que nous avons reproduit. L'une avait pour titre *Appel à la Réparation,* et datait, croyons-nous, de l'année 1895, époque où, comme nous l'avons dit, il lut sur la franc-maçonnerie des

---

(1) Il a reproduit ce récit dans les *Annales Franciscaines* en 1898, dans un article sur la Médaille de saint Antoine, tome XXXVIII, pag. 561-565.

(2) La Médaille était annoncée dans les *Annales Franciscaines* d'octobre de cette année tome XXXVI, p. 87.

révélations qui lui causèrent une douloureuse indignation. Cet appel, en effet, est principalement motivé par
les blasphèmes et les profanations sacrilèges des francs-
maçons. L'autre feuillet est le corollaire du précédent
ı titulé *Croisade d'action et de prière contre la
franc-maçonnerie*. Les lecteurs du *Propagateur* ont
retrouvé souvent développées et fortement inculquées
dans les articles de la *Croisade*, les pensées qui sont
simplement indiquées dans cette petite feuille. Nous
ne leur apprendrons rien en disant que le Jean l'Ermite,
qui signait ces articles, n'était autre que le P. Jean-
Baptiste.

Ces deux feuillets n'avaient pas suffi à son zèle anti-
maçonnique. En 1896, il faisait paraître un petit
opuscule : *Le Tiers-Ordre de saint François et la
Franc-Maçonnerie, par un Frère-Mineur Capucin* (1).
Nous n'avons pu remettre la main sur ce livret devenu
introuvable, voici ce qu'en disaient alors les *Annales
Franciscaines* (2).

« Une double épigraphe, inscrite sur la couverture,
au-dessous du titre, en indique le but : « La Franc-
Maçonnerie, voilà l'ennemi ! — Le Tiers-Ordre de
Saint François, voilà le salut ! » L'auteur insiste
d'abord sur la nécessité qui s'impose à nous, urgente,
absolue, de combattre la franc-maçonnerie, de faire
reculer la délétère inondation dont elle couvre le pays,
de préserver ce qui est encore sain de sa détestable

---

(1) Calais, Imprimerie des Orphelins, 1895. In.18. de 22 pages. Son
nom ne figure pas sur le titre. Les petites feuilles portaient également
l'indication « par un Frère Mineur Capucin ».

(2) Tome XXXVI. pp. 92 et 139.

influence, et de lui arracher enfin ses conquêtes. Propager le Tiers-Ordre et le diriger dans cette voie de combat pour la cause de Dieu, tel est le moyen qu'il propose en vue d'atteindre ces résultats ».

Au commencemet de l'opuscule, l'auteur avait inscrit une dédicace au Souverain Pontife Léon XIII. « Le Pape du Tiers-Ordre et le Marteau de la Franc-Maçonnerie ». Il désirait donc le lui faire offrir en hommage. Il s'adressa pour cela au cardinal Parrocchi, vicaire de Sa Sainteté, qui se montrait fort prodigue d'encouragements à tout ce qui présentait une apparence anti-maçonnique. Son zèle fut récompensé par la réponse suivante : « Rome, le 23 septembre 1896. — Sa Sainteté a reçu avec joie l'hommage de votre opuscule et a daigné vous accorder avec amour la Bénédiction Apostolique, pour vous encourager à entreprendre de nouveaux travaux pour la gloire de Dieu. — LUCIDO MARIA, *Card. Vic.* »

Sa manière de prêcher les Trois « **Ave Maria** ».

Nous voilà bien loin des Trois *Ave Maria*, se dira-t-on. Oui et non, car le P. Jean-Baptiste recommandait, dans le feuillet de *Croisade,* une prière à la Très Sainte Vierge, « qui, dès le commencement, a reçu le pouvoir et la mission d'écraser la tête de Satan ». Sa propagande pieuse n'avait d'autre but que de combattre l'ennemi dans les derniers retranchements du cœur humain. Pour lui, comme pour saint Léonard et saint Alphonse, le remède le plus efficace, le plus sûr préservatif contre le péché mortel, qui est la prise de possession d'une âme par le démon, était la pratique des Trois *Ave Maria*. Aussi la prêchait-il comme moyen de conversion et comme gage de persévérance.

Il était, nous l'avons dit, un prédicateur austère ; souvent il faisait entendre cette parole d'un saint Docteur : *aut pœnitendum, aut urendum ;* « ou la pénitence, ou l'enfer ». Un soir, raconte un compagnon de ses travaux apostoliques, le P. Jean-Baptiste avait prêché un très grave sermon. Il n'y a, disait-il, que deux chemins pour arriver au ciel : l'innocence ou la pénitence. La première est rare, la seconde, la vraie pénitence, ne l'est pas moins. Qui donc pourra se sauver ?... Consolez-vous, continuait-il. Le dévot serviteur de Marie ne saurait périr. Et il en profitait pour recommander la pratique des Trois *Ave Maria*, comme gage assuré de salut.

« Je connaissais, écrit-il dans son *Journal*, la promesse d'une bonne mort, faite par la Sainte Vierge à sainte Mechtilde, si elle récitait tous les jours trois *Ave Maria*, en l'honneur de ses privilèges. Fort de cette promesse et appuyé par l'autorité de saint Léonard et de saint Alphonse, je promettais, moi aussi, la bonne mort et par conséquent le ciel, à tous ceux qui seraient constamment fidèles à cette sainte pratique, ce qui, d'ailleurs, peut se dire de toute pratique fidèlement observée en l'honneur de Marie. Pour mieux recommander celle que j'enseignais, je me servais beaucoup des exemples que j'avais lus dans les ouvrages des deux Saints et ailleurs ».

Aux exemples empruntés aux autres, il pouvait bientôt ajouter ceux de son expérience personnelle. Au mois de février 1891, il prêchait une adoration dans une paroisse du diocèse de Cambrai, où il rencontra la jeune personne dont il parle dans son *Manuel.* « Nous exhortions un jour une pieuse jeune fille à réciter, matin et soir, trois *Je vous salue, Marie,* en l'honneur de la plus pure des Vierges. « Oh ! mon Père, nous répondit-elle, ce n'est « pas la peine de me les recommander ; c'est une pratique « que je tiens de ma grand'mère et je n'y manque jamais. « Ou, plutôt, ajouta-t-elle, je dois l'avouer, je l'ai omise « pendant un certain temps, et c'est à cause de cela que je « suis tombée dans de grandes fautes ; mais j'ai repris « ma petite pratique, et, depuis ce temps je me suis « parfaitement corrigée ». Ainsi, concluait-il, d'un côté, elle attribuait les fautes commises à sa négligence à réciter les Trois *Ave Maria,* de l'autre elle se reconnaissait redevable à cette pieuse coutume de s'être corrigée de ses mauvaises habitudes » (1).

L'invocation de saint Alphonse.

« Dès le début de mon ministère, lisons-nous encore dans le *Journal,* j'avais remarqué la petite prière que saint Alphonse faisait ajouter aux trois *Ave Maria : Mater mea, libera me hodie a peccato mortali,* « ma bonne Mère, préservez-moi aujourd'hui du péché mortel ». Je l'adoptai sans tarder ; mais dans le principe, pour ne pas compliquer cette pratique, je ne l'apprenais guère qu'aux enfants dans leurs différentes retraites, soit pendant les missions, soit pour leur première communion. Tout de suite, je me mis à faire réciter, le matin : « Marie, ma bonne Mère, préservez-moi du péché mortel pendant ce

---

(1) *Manuel complet de la dévotion aux Trois « Ave Maria »* p. 255.

jour » ; et, le soir : « Marie, ma bonne Mère, préservez-moi du péché mortel pendant cette nuit ». En agissant ainsi, j'avais moins l'intention de traduire les paroles de saint Alphonse que de rendre sa pensée et d'adapter cette prière à notre manière de parler ».

On verra toute l'importance qu'il attachait à cette méthode.

Critiques et objections.

Il nous faut dire que ce zèle du P. Jean-Baptiste à prêcher et à recommander la récitation des Trois *Ave Maria,* comme moyen assuré de sanctification et de salut, ne fut pas sans lui susciter quelques critiques, tant au couvent qu'en dehors.

Pour les uns, c'était une nouveauté ; pour les autres, c'était mettre le ciel au rabais, que de le promettre pour trois *Ave Maria.* Il répondait aux premiers en les renvoyant à saint Alphonse ou à saint Léonard ; il n'avait rien inventé. Aux seconds il disait que si trois *Ave Maria,* matin et soir, sont bien peu de chose chaque jour, au bout du mois, au bout de l'année, à la fin de la vie, ils présentent un total respectable. Et puis, il ne fallait pas tant examiner la longueur de la prière, que la fidélité à la réciter chaque jour, fidélité qui ne va pas sans un effort de volonté. Amener quelqu'un à prier tous les jours, n'est-ce pas un résultat appréciable ? L'amener surtout à le faire avec l'intention de ne plus offenser Dieu, d'éviter le péché mortel, de faire son salut, mais c'est lui rappeler ses fins dernières.

Non, ses Trois *Ave Maria* n'étaient pas la ruine des

autres dévotions envers la Très Sainte Vierge, comme on le lui reprochait encore. Loin de détourner les âmes pieuses de la récitation du chapelet, elle les y amènerait, si elles n'y étaient pas déjà fidèles. D'ailleurs, disait-il, combien peu récitent chaque jour leur chapelet, ou même seulement quelques dizaines. Soit manque de temps, fatigue ou négligence, on l'omet facilement ; mais Trois *Ave Maria*, on n'a aucune raison de s'en dispenser. La seule chose difficile, même pour si peu, c'est la fidélité quotidienne. Essayez, disait-il à ses contradicteurs.

Il ajoutait avec raison qu'une âme fidèle à cette pieuse pratique, s'il s'agit d'une personne vraiment chrétienne, ne fera pas consister toute sa religion dans la récitation de ces prières ; elle méritera bientôt d'arriver à faire plus. S'il s'agit de quelqu'un qui ne fait aucune prière, qui manque à ses devoirs de chrétien, est-ce que ce sera un résultat négligeable que de l'amener à ce minimum ?

Non mille fois non, il ne mettait pas le ciel au rabais, mais il voulait simplement y faire penser, le faire désirer. Quant à dire, comme certains, qu'il encourageait les pécheurs à demeurer dans leur état, par la promesse du paradis, en retour de cette pratique peu difficile, c'était une proposition absurde. De deux choses l'une : ou bien ils réciteront ces Trois *Ave Maria* avec piété, alors ils se convertiront ; ou bien ils les réciteront sans dévotion et sans attention, et bientôt ils s'en lasseront. En effet, disait-il, comment avoir la volonté d'abuser de cette promesse miséricordieuse, et réciter l'invocation recommandée : « Marie, ma bonne Mère, préservez-moi du péché mortel ».

Enfin. lui disait-on, vous prétendez fermer l'enfer. —
« Je le voudrais de toute mon âme, répondait-il. Fasse
la Sainte Vierge que personne n'aille en enfer ! Malheureusement il y en aura toujours trop qui refuseront
même d'essayer ce moyen facile qui leur est offert ».

A tous enfin il conseillait de ne pas condamner cette
pratique avant d'en avoir fait l'expérience, pour eux
d'abord et ensuite pour les autres, s'ils en avaient
l'occasion (1).

Le P. Jean-Baptiste n'était ni un novateur, ni un
exagéré en prêchant la dévotion des Trois *Ave Maria*.
Il avait « étudié la question » comme il répondait à
ceux qui le critiquaient et ne lui apportaient que des
sophismes ou de mauvaises raisons. Mais il est temps
de revenir à l'histoire de son apostolat.

____

(1) Le P. Jean-Baptiste répond longuement à ces objections et à
plusieurs autres dans son *Manuel*, chap. XXVII, p. 321.

CHAPITRE HUITIÈME

LES TROIS AVE MARIA
Extension de son Apostolat.
Les premières Indulgences.

Opuscule sur les Trois « Ave Maria. »

EN arrivant à Blois, au mois de juillet 1897, le P. Jean-Baptiste se proposait de continuer, en faveur de ses compatriotes, l'apostolat si fructueux qu'il avait inauguré à Calais. « Je me mis donc à l'œuvre sans tarder, écrit-il dans le *Journal,* et Chémery, ma paroisse natale, fut une des premières à en bénéficier. Le 15 août suivant, je prêchais à mes compatriotes la Dévotion à Marie, et, naturellement, les Trois *Ave Maria* ».

Il continue : « Depuis longtemps je désirais une nouvelle petite feuille sur la dévotion à la Très Sainte Vierge, où serait mentionnée d'une façon plus expresse la pratique des Trois *Ave Maria,* car je n'osais pas encore à ce moment faire une feuille uniquement consacrée à cette pratique. Je modifiai donc et complétai celles où j'en parlais plus spécialement. Ce n'était pas assez. Après ces feuilles j'eus le désir de faire imprimer des opuscules, pour les missions, dans lesquels je pourrais développer mes idées. Un premier essai ne réussit pas... Sans me décourager, je me mis de nouveau à l'œuvre, et, prenant pour base la doctrine et les écrits de saint Léonard de Port-Maurice, mon saint de prédilection, je composai la valeur de quatre opuscules » (1).

Ces travaux furent jugés dignes de l'impression, cependant les supérieurs du P. Jean-Baptiste estimèrent que quatre opuscules à la fois étaient trop, et ils lui accordèrent d'en publier deux pour commencer, le laissant libre de choisir.

« Comme je tenais avant tout à mes Trois *Ave Maria*, écrit-il encore, je choisis d'abord le travail ayant pour titre : *Trois grands moyens de salut et de sanctification,* dont le premier était précisément ma chère pratique, puis un autre : *Aux âmes éprouvées. Consolations et conseils.* J'étais heureux à la pensée que, *pour la première fois*, la dévotion aux Trois *Ave Maria* allait être traitée *ex professo* (d'une manière complète) ».

Quelques mots sur chacun. Le titre complet du premier est rédigé comme il suit : *Trois grands moyens de salut et de sanctification. — La pratique des Trois* Ave Maria. *— L'invocation :* Mon Jésus miséricorde ! *— L'exercice du Chemin de la Croix. D'après saint Léonard de Port-Maurice, par un Missionnaire Capucin* (2).

------

(1) Nous allons parler des deux qu'il publia alors. Un troisième, qui avait pour titre *Directoire de la vie chrétienne,* parut en articles dans les *Annales Franciscaines* de 1900 à 1902. Pour le quatrième, nous n'avons pu le retrouver ; dans ses nombreux cahiers il n'existe aucun travail achevé et prêt pour l'impression.

(2) Paris, Œuvre de Saint-François d'Assise. 11. rue d'Assas. In-18, 79 p.

Le nom de l'auteur, « Fr. Jean-Baptiste, miss. cap. » se lit au bas d'un court avis *Au Lecteur*, portant la date du 8 septembre 1898. Les vingt-cinq premières pages sont consacrées à la Pratique des Trois *Ave Maria*, et divisées en trois paragraphes : « Origine et extension de cette pratique. — Zèle de saint Léonard pour la propager. — Exemples ». Les autres parties sont suffisamment indiquées par le titre. Nous aurons à revenir sur la troisième. Imprimé à deux mille exemplaires, cet opuscule était épuisé au commencement de l'année 1902. L'auteur ne le réédita pas ; il avait fait plus et mieux.

Dans le second opuscule : *Aux âmes éprouvées. Consolations et conseils d'après saint Léonard de Port-Maurice, par un Missionnaire Capucin* (1), le P. Jean-Baptiste parle des épreuves les plus ordinaires du chrétien, les tentations et les souffrances ; le contenu de l'opuscule justifie pleinement son titre. « C'est un guide précieux que vous offrez aux âmes que les tentations ou les souffrances accablent », lui écrivait le Vicaire général de Blois, en lui accordant la permission de le faire imprimer.

Le premier de ces petits livres eut pour résultat de faire connaître la pratique si chère à l'auteur, et de mettre un terme aux critiques, sans toutefois les faire cesser complètement, car tous ne l'avaient pas lu. Du moins il pouvait y renvoyer ceux qui désiraient s'instruire.

Il obtient des Indulgences pour les Trois « Ave Maria. »

Cependant, cela ne suffisait pas pour contenter le

____

(1) Paris, etc. 75 pag.

zèle de notre apôtre ; il aurait voulu que *sa chère pratique*, c'est le nom qu'il aimait à lui donner, fut connue du monde entier. Il lui sembla que, pour cela, un des meilleurs moyens serait de faire enrichir d'Indulgences la récitation des Trois *Ave Maria*. Il a dit lui-même comment il y arriva par notre entremise (3) ; que l'on nous excuse donc de parler de nous dans le récit de cette concession, vraiment providentielle. Notre part fut bien minime, c'est la Très Sainte Vierge qui a tout fait, pour encourager son fidèle serviteur.

A l'automne de 1899, nous passions par Blois, avant de regagner Rome, où nous étions alors. Le P. Jean-Baptiste nous parla de son désir, et, comme il nous parut facilement réalisable, nous acceptâmes de présenter la supplique dont nous lui indiquions la forme. Nous étions convenus de demander trois cents jours d'indulgence quotidienne et une indulgence plénière par mois pour ceux qui réciteraient, matin et soir les Trois *Ave Maria*. Tout n'alla pas aussi facilement que nous l'avions espéré.

La Secrétairerie des Brefs, à laquelle Léon XIII venait de commettre la concession des Indulgences, nous retournait notre supplique avec ce rescrit : *Non expedire prout exponitur*. « Cela ne paraît pas à propos de la manière dont on le demande ». Ce n'était pas un refus formel, il suffisait de savoir ce qui manquait à notre exposition pour qu'elle fut agréée. Il nous était répondu qu'on ne pouvait demander au Souverain Pontife d'accorder des indulgences pour la simple récitation de

____

(3) *La dévotion aux Trois « Ave Maria »*, pag. 37.

trois *Ave Maria*. Nous connaissions la pratique du P. Jean-Baptiste d'y faire ajouter l'invocation de saint Alphonse : « Marie, ma bonne Mère, préservez-moi du péché mortel ». Peut-être suffirait-il de l'ajouter ? On nous donna bon espoir.

Une nouvelle supplique, ainsi modifiée, était bientôt présentée et recevait un accueil en partie favorable. En partie : car il n'était question que de deux cents jours d'indulgence quotidienne, au lieu de trois cents que nous demandions, et l'indulgence plénière mensuelle nous était refusée. De plus, la concession n'était que pour dix ans, quand nous la désirions perpétuelle. La demande était soumise au Souverain Pontife, qui accordait les indulgences ainsi réduites.

Tenu au courant de nos démarches, le P. Jean-Baptiste les approuvait, tout en regrettant de ne pas obtenir tout ce qu'il avait projeté. N'était-ce pas la reconnaissance officielle par l'Église de sa chère pratique ?

Contre toute prévision l'indulgence est accordée à perpétuité.

Surgit un autre incident, qui, celui-là, fut vraiment providentiel. Les Brefs, quelque soit leur objet, ne sont expédiés que contre l'acquittement d'une taxe, qui varie selon la nature de la faveur accordée, et, en fait d'indulgences, suivant qu'elles sont concédées à perpétuité, ou seulement pour quelques années. Les frais de chancellerie existent dans tous les pays, à Rome ils sont un des revenus du Saint-Siège dépouillé de ses biens. On nous demandait près de cent francs, pour ce bref accordé pour dix ans. La taxe nous semblait forte, mais c'était à prendre ou à laisser ; fallait-il faire naufrage en arrivant au port ?

Aussitôt prévenu, le P. Jean-Baptiste eut un moment d'angoisse. Cette dépense était imprévue, comment y faire face ? La confiance reprit bien vite le dessus, la Très Sainte Vierge, pour laquelle il travaillait, pouvait-elle le laisser dans l'embarras ? Il nous disait donc d'aller de l'avant, tout en nous demandant de faire ajouter un mot à l'invocation de saint Alphonse, *libera me hodie*, préservez-moi *aujourd'hui*. Ce qui nous était accordé sans difficulté. Il nous suppliait aussi de faire de nouvelles instances pour obtenir l'indulgence à perpétuité. Cela nous paraissait tellement impossible que nous n'avons même pas essayé. Et cependant c'est ce qui allait arriver.

Quand vint le moment de rédiger le bref, celui qui en était chargé constatait que, par distraction, on nous demandait la taxe d'une concession perpétuelle. Que faire ? L'argent était entré en caisse, dûment enregistré, il fallait faire des rectifications, avouer une erreur. On consulte le Substitut de la Secrétairerie, celui-là même qui nous avait fait toutes les difficultés précédentes. Il examine la supplique, et, pour trancher le cas, en vertu des pouvoirs attachés à sa fonction, il ordonne de faire le bref *à perpétuité. Ad perpetuam rei memoriam.*

On le voit, c'est la Très Sainte Vierge qui avait tout arrangé.

Le Bref d'Indulgences.

Toutes ces négociations avaient demandé un certain temps, et le bref ne fut signé que le 8 février 1900. Bien

que le texte en ait été publié plusieurs fois, il est trop
élogieux pour celui qui l'avait obtenu pour que nous
omettions de le citer presque en entier.

Léon XIII, Pape.

POUR PERPÉTUELLE MÉMOIRE. — *Notre chef fils
Jean-Baptiste de Chémery, de l'Ordre des Frères Mineurs Capucins de saint François, prédicateur de la
Province de Paris, Nous a demandé d'accorder, selon
Notre bon plaisir quelques indulgences partielles, puisées
dans le trésor de l'Eglise, aux fidèles qui réciteraient,
matin et soir, quelques oraisons jaculatoires recommandées par plusieurs saints et principalement par
saint Alphonse de Liguori.*

*Accueillant favorablement cette prière, par Notre
autorité apostolique, en vertu des présentes, Nous
accordons deux cents jours de diminution de leurs
peines, dans la forme habituelle de l'Église, à tous et à
chacun des fidèles, de l'un et de l'autre sexe, du monde
entier qui, au moins avec un cœur contrit, diront cette
prière jaculatoire en quelque langue que ce soit, pourvu
que la version soit fidèle : « Marie, ma bonne Mère,
préservez-moi aujourd'hui du péché mortel », et réciteront trois fois la Salutation Angélique, le matin et le
soir, quelque jour que ce puisse être.*

*Il est permis aux mêmes fidèles, s'ils le préfèrent,
d'expier par cette indulgence partielle, les taches et les
peines des défunts.*

*Les présentes sont valables à perpétuité, en tenant
compte cependant de Notre Constitution sur la suspen-
sion des indulgences, pendant l'année jubilaire.*

Une des premières zélatrices des Trois « Ave Maria ».

Il serait difficile de dire la joie du P. Jean-Baptiste en recevant le précieux parchemin. Il prêchait alors une mission à Sassay, non loin de son pays natal. Il anonçait le soir même l'heureuse nouvelle du haut de la chaire, et en profitait pour recommander plus instamment sa chère pratique, qui avait désormais l'approbation de l'Église. Peu de jours après il passait par Chémery et faisait voir le bref à sa mère, en lui disant son contentément. La bonne Madame Jousse était déjà une fidèie des Trois *Ave Maria* et elle regardait avec admiration le parchemin dont elle ne savait lire que les premiers mots : « Notre cher fils, Jean-Baptiste de Chémery ». Elle jouissait d'autant plus de la joie de son enfant, que c'était elle qui lui avait fourni la somme nécessaire pour l'expédition du bref.

Le bon fils consignait ce souvenir dans les quelques lignes qu'il consacrait à la mémoire de sa vénérable mère dans le *Propagateur*, quand Dieu l'eut rappelée à Lui. « Nous devons dire encore que c'est en grande partie grâce à sa générosité, que nous avons pu obtenir les premières indulgences en faveur des Trois *Ave Maria* : ce qui ne pouvait se faire sans quelques dépenses préalables. De ce chef, elle devenait donc une des premières zélatrices de l'œuvre, qui n'était même pas alors en complète formation. Elle en suivit tous les progrès et eut la consolalion de la voir dans tout son épanouissement » (1). Madame Jousse rendit son àme à

---

(1) *Propagateur de décembre* 1910. p. 377.

Dieu, au mois de novembre 1910, à Blois même, chez les Religieuses Franciscaines, où les infirmités l'avaient obligée à chercher un refuge.

Active propagande.

De retour au couvent, le P. Jean-Baptiste, dont le nom était désormais lié à la pratique des Trois *Ave Maria,* ne pensa plus qu'à faire connaître les Indulgences dont le Souverain Pontife avait enrichi cette dévotion. Il traduisit en français le bref pontifical, auquel il ajoutait les textes de saint Léonard et de saint Alphonse, qui avaient servi à appuyer la supplique. Monseigneur Laborde, évêque de Blois, approuvait la publication de la feuille qui lui était présentée. « Nous ne pouvons, disait Sa Grandeur, que recommander la pieuse pratique des Trois *Ave Maria.* Nous faisons des vœux pour qu'elle se répande de plus en plus parmi les fidèles. »

Cette feuille, avec la note « Reproduction autorisée et recommandée », partait aussitôt dans toutes les directions, à l'adresse des *Semaines religieuses,* des revues pieuses et des journaux catholiques. La plupart annoncèrent l'indulgence, d'une manière plus ou moins étendue.

Ceux qui connaissaient la pieuse pratique purent remarquer avec plaisir les indulgences dont elle était enrichie, mais les autres, et c'était le grand nombre, n'en firent pas beaucoup de cas. Encore une prière indulgenciée, se dirent-ils; il y en a déjà tant; et ils n'y pensèrent plus. L'apôtre des Trois *Ave Maria* se demandait donc ce qu'il pourrait bien faire pour attirer l'attention sur sa chère pratique. Maintenant qu'elle était, pouvons-nous dire, officiellement reconnue par l'Eglise, son zèle allait devenir plus entreprenant ; toutefois il ne voyait pas encore le moyen de réaliser son rêve de faire connaître la dévotion des Trois *Ave Maria* au monde entier. La bonne Providence allait lui ménager une occasion favorable pour commencer à exercer cet apostolat.

La doctrine des Trois « Ave Maria ».

Avant de continuer notre récit, il nous faut donner quelques explications sur cette évolution, que nous avons dit s'être produite dans l'esprit du P. Jean-Baptiste, au sujet de la pratique des Trois *Ave Maria*.

Au commencement, il ne la connaissait que par saint Léonard et saint Alphonse, quand il rencontra dans un ouvrage de ce dernier une allusion à la révélation faite à sainte Mechtilde par la Mère de Dieu, révélation bien connue des lecteurs du *Propagateur,* où elle a souvent été rapportée. Marie promettait à sa fidèle servante la grâce d'une bonne mort, si elle récitait chaque jour Trois *Je vous salue, Marie,* en l'honneur des trois grands privilèges de Puissance, de Sagesse et de Miséricorde, dont elle a été gratifiée par les trois personnes de la Très Sainte Trinité.

Curieux, comme il l'était, de tout ce qui concerne la pratique des Trois *Ave Maria,* le P. Jean-Baptiste voulut étudier cette révélation et ce qui s'y rapportait. Le résultat de ses recherches fut de lui faire adopter la méthode enseignée par la Très Sainte Vierge elle-même, de préférence à celles que conseillaient les deux saints, qui d'ailleurs en avaient donné plusieurs : tantôt en effet ils proposaient d'honorer les privilèges de Marie en général, tantôt l'un ou l'autre en particulier, comme sa pureté ou sa Conception immaculée.

La triple récitation de l'*Ave Maria* n'était donc plus seulement un *minimum* de dévotion envers la Reine du ciel, elle cessait d'être un remède pour se guérir du péché mortel, ou un antidote pour s'en préserver. Tout en gardant ces propriétés médicinales, elle devenait à ses yeux un moyen très sûr de rendre à Marie un hommage qui lui était souverainement agréable, puisqu'elle même l'avait enseigné à sainte Mechtilde, en lui promettant pour récompense la grâce d'une bonne mort.

Tout en adoptant cette méthode, il ne renonçait pas pour cela à faire ajouter aux trois *Ave Maria* la petite invocation de saint Alphonse « Marie, ma bonne Mère, préservez-moi aujourd'hui du péché mortel ». Au contraire, il la recommandait plus instamment, car pour obtenir la grâce de la persévérance finale, pour avoir même quelque droit de l'espérer, il faut en prendre les moyens, et le plus sûr de tous est la fuite du péché mortel. Cette invocation complète donc la récitation des Trois *Ave Maria*, en rappelant au chrétien qu'il ne faut pas compter sur un miracle à l'heure dernière.

Que la Mère de Miséricorde en ait fait en faveur de certains pécheurs endurcis, mais fidèles malgré tout à la pieuse pratique, nous ne le nions pas, et nous ne songeons pas à mettre de limites à sa miséricordieuse bonté. Cependant la confiance ne doit pas aller jusqu'à la présomption. Le chemin du ciel est toujours celui que Notre-Seigneur a indiqué dans son Évangile : l'accomplissement des commandements. « Si vous

voulez arriver à la vie éternelle, observez les commandements ». Or, observer les commandenents n'est autre
chose que de fuir le péché. Par conséquent, la pratique
des Trois *Ave Maria,* bien loin de faire espérer d'entrer
dans le ciel par la porte du miracle, n'a d'autre but
que d'y conduire par la voie ordinaire, tout en entre-
tenant la confiance dans la protection de la Très Sainte
Vierge. En retour de ce léger tribut d'honneur quotidien,
elle nous aidera à surmonter les obstacles qui peuvent
nous barrer la route. Si, malgré notre bonne volonté,
il nous arrive de tomber, elle nous tendra la main
pour nous relever. Mais il ne faut pas s'abuser par
l'espoir qu'elle soutiendrait celui qui irait de lui-même
se jeter dans le précipice, qu'elle le sauverait, pour
ainsi dire, malgré lui. En juste punition de sa présomption, celui-là serait bientôt infidèle à la salutaire
pratique. Pour l'âme fidèle, au contraire, elle trouvera
dans cette dévotion un accroissement d'amour envers
Marie, et, partant, un redoublement de grâces pendant
cette vie, prélude de la grande grâce de la persévérance
finale.

Voilà, en deux mots, la doctrine des Trois *Ave Maria,*
telle que la recommandait le P. Jean-Baptiste, et il
n'a cessé de le redire dans le *Propagateur.*

CHAPITRE NEUVIÈME

DU CONGRÈS MARIAL DE LYON
A LA FONDATION DU PROPAGATEUR

Le Congrès Marial de Lyon.

Un Congrès Marial, le premier en France, devait se réunir à Lyon, la ville de Marie, au mois de septembre 1900. Son devoir n'était-il pas de s'y rendre, pour y prendre la parole et recommander la pratique si chère à son cœur ? Le Père Jean-Baptiste le comprit ainsi, et se mit aussitôt en demeure de répondre à ce qui lui semblait une invitation de sa Bonne Mère. La permission requise, demandée sans retard et facilement obtenue, il s'occupa de préparer un rapport, qu'il eut la satisfaction bien légitime de savoir agréé par la Commission préparatoire du Congrès.

Il espérait bien voir approuver et admettre le vœu qui terminait cette étude sur les Trois *Ave Maria,* toutefois il craignait qu'il ne demeurât enseveli dans le volume des *Actes du Congrès.* Or, il ne l'entendait pas de la sorte. Il fallait, au contraire, profiter de cette circonstance pour faire une propagande extraordinaire au moyen de petites feuilles enseignant brièvement la pratique des Trois *Ave Maria*. C'était d'ailleurs un désir qu'il entretenait depuis longtemps ; une meilleure occasion de le réaliser ne se présenterait jamais, s'il laissait échapper celle-là.

La petite feuille : Le ciel assuré.

Le P. Jean-Baptiste fit donc un résumé de son rapport, pouvant tenir en quatre petites pages. Restait, dit-il, à lui trouver un titre « capable de faire sensation ». Après quelques hésitations, il s'arrêta à celui-ci : *Le Ciel assuré par la pratique des Trois Ave Maria*. Au mois d'août, il en faisait imprimer cent mille exemplaires.

Nous dirons plus tard comment il dut modifier ce titre qui fut trouvé trop sensationnel, quand déjà il y avait plus d'un million de feuillets de ce genre répandus par le monde. Revenons à notre récit.

A Lyon. Une heureuse rencontre.

L'ouverture du Congrès était fixé au 5 septembre. Il se mit en route, muni de son rapport et d'une bonne quantité de petites feuilles. En arrivant à Lyon, le matin du jour susdit, le dévot client de Marie se rendit tout d'abord à Fourvière, pour y célébrer la sainte messe, et mettre son pieux projet sous la protection de Notre-Dame. En sortant de la Basilique, comme il cherchait son chemin pour se rendre au couvent, où il devait trouver l'hospitalité, il fit une rencontre qu'il va nous raconter lui-même. « Un bon prêtre, vénérable par l'âge, daigna nous renseigner ; tout en marchant, nous venons

à parler de l'objet de notre venue au Congrès. « Les
« Trois *Ave Maria*, nous dit-il, mais je les connais et
« les récite depuis longtemps. Je tiens cette pratique
« d'un bon Frère Mariste, qui la recommandait à ses
« élèves, dans le but d'obtenir une bonne mort. Il est
« mort lui-même en odeur de sainteté, mais je ne l'ai
« jamais oublié ».

« Nous étions heureux, continue-t-il, dès notre arrivée à Lyon, d'entendre ainsi parler de notre chère
dévotion. C'était de bon augure pour nous » (1).

Dans l'intervalle des séances du Congrès, il s'occupait
de répandre ses petites feuilles, les déposait chez les
marchands d'objets de piété aux environs de la Basilique, il en donnait même aux pauvres, qui, ainsi qu'on
l'écrivait alors, « offraient aux pèlerins, sur les avenues
du Sanctuaire, en retour de leur aumône, le secret du
salut et le *Ciel assuré*, grâce à la pratique des Trois
Ave Maria » (2).

Une séance mémorable.

Le P. Jean-Baptiste devait lire son rapport à la séance
du 6, au soir ; il était le dernier orateur inscrit. Chacun
n'aurait dû parler que vingt minutes, mais plusieurs
avaient de beaucoup dépassé la limite et l'heure de la
clôture allait sonner. Le vice-président s'approche du
Père, pour l'avertir que l'heure étant arrivée, il ne pourrait prendre la parole. Il s'adressait fort mal. Celui-ci lui
répondit être venu de loin, uniquement pour lire son

(1) *La dévotion aux Trois Ave Maria*, p. 44.
(2) *Annales Franciscaines* de 1900, p. 511.

Rapport et qu'il n'entendait pas renoncer à son droit. Il fallait faire observer la consigne, en particulier par celui qui ne finissait pas de parler. Quand il eut achevé, bien que l'heure fut passée, le président, c'était le vénérable abbé Sire, de Saint-Sulpice, donna la parole au P. Jean-Baptiste, qui promettait d'être bref.

« Pour éveiller l'attention et me faire entendre, raconte-t-il dans son *Journal,* je montai sur une chaise, d'où je lus, à haute et intelligible voix, mon rapport en entier. On n'avait pas l'air de dormir et ma lecture fut approuvée par les bravos de mes auditeurs. La séance prit ainsi fin » Sans perdre de temps, il annonçait aux personnes présentes que, si elles voulaient des feuilles de propagande, résumant ce qu'il venait de dire, il en avait à leur disposition. « Alors des centaines de mains se tendirent vers moi. On me les arrachait et j'en manquai aussitôt. J'avertis donc les personnes qui n'en avaient pas qu'elles en trouveraient dans les magasins proches de la Basilique. Ce fut, me dirent les marchands, une véritable invasion, et en quelques minutes leur petite provision était épuisée. C'était bon signe et j'en bénis la Sainte Vierge qui m'a si visiblement protégé en tout dans mes pieux projets. »

Le Frère Isaïe.

Comme il achevait la lecture de son rapport, a-t-il encore raconté, il fut abordé par un digne prêtre, aux cheveux blancs, qui lui disait combien il avait été heureux de l'entendre, « car il récitait lui-même ces Trois *Ave Maria,* depuis son enfance. Il tenait, ajouta-t-il, cette pratique d'un pieux Frère Mariste, ou mieux d'un Petit

Frère de Marie, mort depuis longtemps, qui l'avait recommandée à tous ses élèves, pour obtenir la grâce de la bonne mort » (1). C'était la seconde fois qu'on lui parlait de ce Petit Frère de Marie ; il voulut donc avoir quelques renseignements sur ce précurseur dans l'apostolat de sa chère pratique.

Au lendemain du Congrès, il se mit à la recherche et se présenta à une des maisons de ces religieux, nombreux dans la ville de Lyon. Il ne put obtenir aucune information, car les Frères étaient tous en retraite à la maison-mère de Saint-Genis-Laval, où on lui conseilla de s'adresser. Il le fit, mais il ne nous dit pas le résultat de cette enquête : tout ce qu'il nous en a conservé est le nom de cet apôtre zélé des Trois *Ave Maria*, le Frère Isaïe. Mais il rapporte comment, en arrivant à Saint-Genis-Laval, au moment d'une conférence, il fut invité à la donner lui-même et comment, en présence d'un auditoire de près de quatre cents religieux, venus de tous les points, même des missions, il leur parla de cette dévotion, leur recommandant, à l'exemple de leur ancien confrère, de s'en faire les propagateurs auprès de leurs élèves. La semence tombait dans un terrain tout préparé, car le Manuel de Catéchisme, en usage dans la Congrégation, fait une mention spéciale de la pratique des Trois *Ave Maria*.

Le rapport lu à Lyon.

Nous avons parlé à maintes reprises, dans les pages qui précèdent, du Rapport que le P. Jean-Baptiste pré-

______

(1) *La dévotion aux Trois Ave Maria*, p. 45.

senta et lut au Congrès ; il convient que nous en disions le contenu. Pour de nombreux congressistes, comme pour beaucoup de ceux qui lurent ensuite cet écrit, il était une véritable révélation. Il n'en serait pas ainsi pour nos lecteurs, qui tous connaissent la pratique des Trois *Ave Maria*, à laquelle ils sont fidèles, puisque l'auteur ne faisait autre chose que la proposer à ceux qui l'écoutaient.

Après avoir remercié le ciel de lui en avoir fait comprendre l'importance et la merveilleuse efficacité, il rappelait la révélation faite à sainte Mechtilde et le zèle des saints Léonard de Port-Maurice et Alphonse de Liguori pour la propager, citant à l'appui les textes les plus saillants de leurs ouvrages. Après avoir mentionné les indulgences qu'il avait obtenues de Rome et répondu à quelques objections, il revenait à la promesse d'une bonne mort, faite à sainte Mechtilde et terminait par ce vœu, qui fut admis par le Congrès :

« Que tous les prêtres, confesseurs et prédicateurs, recommandent à l'envi la pratique des Trois *Ave Maria*, aux fidèles de tout âge et de toute condition, qu'ils sont chargés d'instruire et de diriger, suivant le conseil pressant de saint Léonard de Port-Maurice et de saint Alphonse de Liguori, conseil que ces deux grands saints donnent encore aux parents relativement à leurs enfants ».

La diffusion du Rapport.

Rentré à Blois, notre apôtre des Trois *Ave Maria* s'occupa de faire publier son Rapport. Imprimé d'abord dans les *Annales Franciscaines* et tiré à part, il reçut le meilleur accueil, et, bientôt, une première édition était épuisée. Pour la seconde, il la voulut enrichie d'une image symbolique, et, dans ce but, il fit appel au talent artistique d'un prêtre de Blois, l'abbé Gatelier, professeur de dessin au collège de Notre-Dames-des-Aydes. Celui-ci représenta le couronnement de la Très Sainte Vierge : debout, les mains jointes, Marie reçoit le diadème que le Père et le Fils déposent sur son front, tandis que le Saint-Esprit, sous figure de la colombe, plane au-dessus du groupe. A ses pieds, quelques têtes d'anges au milieu des nuées. Sous la gravure, une banderolle porte le triple *Ave* ; plus bas, cette inscription : « En union avec les trois personnes divines et avec les hiérarchies angéliques, glorifions la Vierge Marie Immaculée par la récitation quodienne des Trois *Ave Maria* ». C'était la première image de NOTRE-DAME DES TROIS AVE MARIA.

Cette seconde édition disparut en peu de temps, comme la première, et une troisième la suivit de près, avec un Appendice.

Le Rapport paraissait également dans le Compte-rendu officiel du Congrès de Lyon ; des revues pieuses, des Semaines religieuses en grand nombre, le citaient en tout ou en partie, et le recommandaient ainsi que la petite feuille du *Ciel assuré*, dont il avait dû faire imprimer le second centième mille. A la fin de l'année, il était traduit en italien, pour paraître dans un ouvrage sur l'*Ave Maria*.

Nouveaux travaux apostoliques.

Ces occupations n'avaient pas empêché le P. Jean-Baptiste de reprendre les labeurs de sa vie de missionnaire, et le Jubilé de l'année séculaire, qui se célébrait en 1901, lui apporta un surcroît de travail. Il en profita pour se faire de plus en plus l'apôtre de la pratique des Trois *Ave Maria*. Les jours de repos, qui s'écoulaient d'une prédication à l'autre, étaient entièrement pris par la correspondance qui lui avait amenée le Rapport lu à Lyon et la diffusion de la petite feuille *Le ciel assuré*. Les nouvelles qu'il recevait étaient pour lui faire oublier les difficultés passées et lui infuser une nouvelle ardeur pour propager la dévotion à la Très Sainte Vierge au moyen de cette pratique salutaire.

Il est des plantes qui produisent de petites semences munies d'une aigrette, grâce à quoi le vent les emporte un peu partout. Elles germent là où elles tombent, y prennent racine, poussent et fleurissent à leur tour. Ainsi en était-il du petit feuillet de propagande, comme nous le verrons par la suite.

La fondation d'une revue.

L'apôtre des Trois *Ave Maria* savait toute l'importance de la presse pour propager une idée, aussi ne tarda-t-il pas à penser qu'une revue spéciale, consacrée à sa chère pratique, lui serait d'un grand secours pour la répandre. Dans son *Journal,* il nous a conservé la date où cette pensée se fit jour en son esprit, c'était le 26 juin 1901. Il ne se dissimulait pas les difficultés au-devant desquelles il irait. Ses Supérieurs ne manqueraient pas de lui dire que les Revues Franciscaines ne lui faisaient pas défaut et que l'heure ne leur paraissait pas propice pour en fonder une nouvelle, dont le succès était fort incertain. Pour le moment donc, il laissa dormir cette idée, qu'il appelle lui-même « toute problématique ». Si elle avait réellement l'utilité qu'il entrevoyait, la Très Sainte Vierge elle-même se chargerait de lui fournir les moyens de la mettre à exécution.

La Chronique des Trois « Ave Maria ».

En attendant, le P. Jean-Baptiste se mit à rédiger, sous forme de *Chronique mensuelle*, un résumé des faits qui se produisaient relativement à sa chère pratique, comme les nouvelles qu'il recevait de grâces obtenues, les articles de revues où il était fait mention des Trois *Ave Maria*, etc. Les deux premières *Chroniques* parurent dans le Bulletin qui venait de se fonder sous le titre d'*Association Réparatrice envers la Très Sainte Trinité, sous la protection de Saint Michel*. La première était précédée d'un article sur *La Dévotion à la Très Sainte Trinité et la pratique des Trois Ave Maria* (1).

Il cessa bientôt de recourir à cette revue, ayant trouvé un organe, mieux approprié au but qu'il se proposait, dans une publication qui venait de faire son apparition à Blois même ; c'était *L'Eclaireur catholique, Journal*

---

(1) La Chronique embrasse les mois de juin et juillet 1901, pp. 92-94 du bulletin. La seconde, août et septembre se trouve pp. 126-127 *L'Association Réparatrice* cessa de paraitre avec le mois de septembre 1903, et ce fut le *Propagateur des Trois Ave Maria* qui devint pendant quelque temps, l'organe officiel de *l'Association Réparatrice* (janvier 1904).

*des Pèlerinages, des Sanctuaires et des Congrégations
de la Sainte Vierge* (1). Le fondateur et directeur,
l'abbé Joseph Guyot, lui offrait une colonne par semaine
pour la dévotion des Trois *Ave Maria*. On se doute
bien qu'il accepta avec joie ; sans tarder, il se munit des
permissions nécessaires, et, dans le numéro du 9 novembre, il faisait paraître un premier article, qui n'était autre
que celui déjà publié dans *L'Association Réparatrice*.
Dans les suivants, il continuait sa *Chronique* en demandant que l'on voulût bien lui faire part de ce qui
pourrait la rendre plus intéressante et instructive.

Les trois dernières apparitions et les Trois Ave Maria,
tel est le titre d'une étude qu'il commençait dans le
numéro du 23 novembre. Son but était de montrer les
rapports qui existent entre les apparitions de la Très
Sainte Vierge à Lourdes, à Pontmain et à Pellevoisin et
la pratique des trois *Je vous salue Marie* (2).

La Voix de Marie.

La conclusion de cette étude, où se montre le talent
d'adaptation de l'auteur, parut dans *La Voix de Marie,
Mère toute miséricordieuse. L'Eclaireur catholique*, en
effet, avait choisi ce nouveau titre, qui lui paraissait
mieux convenir à sa fin, avec le numéro qui parut pour
la fête de l'Immaculée Conception. Notre Père lui continua sa collaboration et, dans les numéros en date des

____

(1) Le premier numéro de ce journal hebdomadaire porte la date du
19 octobre 1901. Comme nous allons le dire, il ne parut que sept numéros
sous ce titre.

(2) *Manuel complet* chap. XX, p. 227. Ces pages figuraient déjà dans le
premier ouvrage, *La dévotion aux Trois Ave Maria*, chap. X, p. 61.

14 et 21 décembre, il expliquait le sens qu'il fallait attacher au titre du petit feuillet, le *Ciel assuré*. Non
seulement l'abbé Guyot lui avait fait la grâcieuseté de le
reproduire dans le premier numéro de *L'Eclaireur,* mais
il devait encore en encarter un exemplaire dans un des
numéros suivants de la *Voix de Marie.*

Les étrennes de la Madone pour 1902.

La Mère toute miséricordieuse, dont ce journal était
l'organe, devait lui apporter pour l'année 1902 les plus
belles étrennes qu'il pût désirer. Il allait avoir sa Revue
des Trois *Ave Maria,* soûs le titre qu'il avait rêvé :
le Propagateur. Le Directeur de la *Voix* lui consentait
d'encarter chaque mois un supplément, consacré à sa
chère dévotion. Le premier parut avec le numéro
du 11 janvier.

Il consistait en une grande feuille double de quatre
pages, à trois colonnes par page, portant au milieu la
petite image des Trois *Ave Maria.* Ce premier numéro
du Propagateur renfermait le Bref d'Indulgences, le
commencement du Rapport lu à Lyon, un cantique et la
Neuvaine efficace, dont nous parlerons, puis des
annonces.

Le P. Jean-Baptiste ne cessait pas pour cela sa collaboration à la *Voix de Marie,* où il continuait à publier
sa *Chronique* et donnait un article sur l'*Annonciation,
seconde fête des Trois Ave Maria.* Il en fut ainsi jusqu'au moment où le *Propagateur* devint une revue
indépendante, au mois d'août 1902.

Pauvre petite revue, que deviendrait-elle ? Elle avait

commencé comme supplément sans un seul abonné et elle n'en avait pas encore groupé une centaine. Le Père ne se le demandait même pas. La Très Sainte Vierge avait tout fait ; elle continuerait ce qu'elle avait commencé, si sa gloire y était intéressée.

Autres Travaux.

Il nous faut revenir à l'année 1901, car il nous reste bien des choses à raconter sur ce que fit pendant cette année notre infatigable apôtre. Nous l'avons dit, les prédications du Jubilé l'avaient souvent occupé hors du couvent ; depuis le commencement de janvier jusqu'après le dimanche du Bon Pasteur, il n'y était rentré que pour en repartir dans une nouvelle direction. Ce dimanche 21 avril, il finissait une prédication et, le lendemain il se mettait en route pour Lourdes. « J'avais, lisons-nous dans son *Journal,* demandé au T. R. P. Provincial la permission d'aller à Lourdes cette année pour y propager ma dévotion des Trois *Ave Maria.* Je pensais y prêcher, mais j'en fus incapable par suite de mon extrême faiblesse, causée par les prédications. J'en profitai néanmoins pour faire connaître ma chère pratique aux prêtres et à de nombreux fidèles de tous les diocèses, par la distribution de mon Rapport et de mes feuilles de propagande. Je fis de même auprès des marchands, pour qu'ils s'en fissent les dépositaires ». Cet apostolat muet ne manqua pas de produire ses fruits et beaucoup de prêtres lui promirent de propager la pieuse pratique.

L'image des Trois « Ave Maria. »

Au mois de juin de cette même année 1901, il note dans son *Journal :* « En ce moment, je m'occupe de faire une image des Trois *Ave Maria,* pour être insérée dans un livre de prière. » Il s'était pour cela adressé à l'abbé Gatellier, qui lui avait déjà exécuté le dessin pour la couverture de la seconde édition du Rapport. Nous la trouvons annoncée comme il suit dans le premier numéro du *Propagateur :* « Image des Trois *Ave Maria,* belle simili-gravure, en deux couleurs, d'après un dessin artistique de M. l'abbé Gatellier, professeur de dessin, au Collège de Notre-Dame-des-Aydes à Blois. Elle représente le couronnement de la Vierge Immaculée par les trois personnes divines. Trois anges, tenant chacun une banderolle, proclament la dévotion des Trois *Ave Maria* et invitent les habitants de la terre à s'unir à eux pour glorifier les grands privilèges de notre commune Reine ».

La pratique merveilleuse des trois « Ave Maria. »

Au commencement de juillet, le P. Jean-Baptiste abordait la composition d'un nouvel opuscule de propagande, qui parut à Tours chez Cattier, sous le titre de *Pratique merveilleuse des Trois Ave Maria.* Dans ce livret, illustré de neuf compositions inédites, l'auteur reproduit tout d'abord son Rapport de Lyon, puis, sous différents titres, il relate des grâces spéciales, anciennes et récentes, obtenues par la pratique merveilleuse et la Neuvaine (1).

____

(1) In-16, de 32 pp. Une nouvelle édition parut modifiée et augmentée à Blois, en 1917.

Le premier cantique.

Avant la fin de l'année, il avait demandé à son confrère et ancien condisciple à Budel et à Lorient, au P. Léon de Nantes, poète délicat, de composer un *Cantique des Trois Ave Maria*. Il était chanté pour la première fois, « avec entrain », dans la chapelle du couvent de Blois, le premier janvier 1902.

Sur un air bien connu, avec le triple *Ave* pour refrain, ce cantique célèbre, en de petites strophes alertes, les trois privilèges de Marie, les quatre Saints Protecteurs de la pratique, les apparitions de Lourdes, Pontmain, Pellevoisin et les effets merveilleux de cette dévotion. Nous l'avons dit, il parut dans le premier numéro du *Propagateur,* avec la *Neuvaine*.

La Neuvaine efficace.

On lit à ce sujet dans le petit opuscule dont nous venons de parler : « Une pieuse tertiaire de Nantes, après avoir lu notre Rapport au Congrès de Lyon, eut, la première, la pensée de commencer une neuvaine à la Très Sainte Vierge, au moyen des Trois *Ave Maria*, pour une grâce, depuis longtemps désirée, en faveur d'une autre personne. En récitant ses Trois AVE MARIA à cet effet, elle se sentit animée d'une confiance extraordinaire qui lui donnait comme l'assurance de voir sa prière exaucée. Or, le troisième ou le quatrième jour, la grâce était obtenue d'une façon humainement inexplicable » (1).

----

(1) *Pratique merveilleuse.* p. 26.

Ce fait, rapporté, croyons-nous, dans une des Chroniques mensuelles, donna bientôt à d'autres l'idée de faire de semblables neuvaines, qui obtinrent un égal résultat. La Très Sainte Vierge ne semblait-elle pas dire par là que cette manière de la prier lui était agréable ? Son dévot serviteur le crut ; toutefois avant de rien entreprendre, il voulut, a-t-il dit ailleurs, faire la preuve, et pour cela il proposa le même moyen « à d'autres personnes qui désiraient de grandes grâces, humainement désespérées, et elles furent exaucées de la même façon. C'était pour nous une manifestation de la volonté de Dieu et de la Très Sainte Vierge. C'est alors que nous avons eu la pensée de rédiger une formule, en forme de Neuvaine, en nous inspirant des privilèges honorés par les Trois *Ave Maria* » (1). C'était vers la fin de cette même année 1901, comme nous le dit son *Journal*, qu'il était occupé « à la composition de la *Neuvaine efficace des Trois Ave Maria*, qui doit faire des miracles ».

Etait-il trop audacieux en écrivant ces lignes ; en donnant aux actes de foi et de piété qu'il proposait, le titre de *Neuvaine efficace* ? Les faits sont là pour répondre et chaque mois les numéros du *Propagateur* attestent l'efficacité de la *Neuvaine des Trois Ave Maria*.

Elle portait l'*Imprimatur* de Monseigneur Laborde, évêque de Blois, qui accordait 40 jours d'indulgence pour chaque jour de la Neuvaine. Dans la suite de nombreux évêques l'enrichiront également des privilèges en leur pouvoir ; les Souverains Pontifes Pie X et Benoit XV accorderont la Bénédiction Apostolique à ceux qui la

____

(1) *Les grandes grâces de la Neuvaine efficace*, p. 7.

récitent, et elle deviendra l'occasion de l'érection de la
Confrérie des Trois Ave Maria.

En préparation.

Nous croyons avoir rapporté tout ce que le P. Jean-
Baptiste avait fait pendant l'année 1901, pour la propagation de sa chère pratique. Un autre aurait pu s'en
contenter ; pour lui, plus il faisait, plus il voulait entreprendre. Il aimait à citer le proverbe vulgaire : l'appétit
vient en mangeant ; aussi n'était-il jamais rassasié.

Il avait sur le chantier un nouvel ouvrage, qui ne
serait pas un simple opuscule, comme tous ceux qui
l'avaient précédé, mais bien « un Traité, aussi complet
que possible de la dévotion des Trois *Ave* », comme on
le lit dans les annonces du premier numéro du *Propagateur*. Il y travaillait depuis le mois d'août, mais il ne
devait paraître qu'au mois de mars de l'année suivante,
avec ce titre : *La Dévotion aux Trois Ave Maria, par le
P. Jean-Baptiste,* O. M. C. (1). Toutefois, nous croyons
que le manuscrit était achevé dès la fin de l'année en
cours.

C'était bien, comme il le promettait, un traité complet
de la dévotion aux Trois *Ave Maria.* Dans les vingt-et-
un chapîtres qui le composent, il en disait l'origine et les
excellences, il rapportait les exemples et les paroles des
Saints, il relatait les grâces obtenues, répondait aux
objections, donnait une solution aux difficultés, et encourageait à la fidélité à cette pratique qui convient à tous.

---

(1) Paris, Œuvre de St-François, 5, rue de la Santé. Librairie Charles
Poussielgue, rue Cassette, 15. Blois, Bureaux de la Voix de Marie. In-16,
XIV-182 pp.

Ils étaient passés les jours où le P. Jean-Baptiste n'osait pas faire imprimer une petite feuille de propagande consacrée aux Trois *Ave Maria !* Grâce à lui, Rome avait approuvé la pieuse pratique, en l'enrichissant d'indulgences, le Congrès de Lyon avait émis le vœu de la voir se répandre et la petite feuille bleue du *Ciel assuré* l'avait portée partout, en France et à l'étranger. Elle avait même sa revue spéciale : *le Propagateur des Trois Ave Maria.*

Et tout cela en deux ans !

Quel secret avait donc notre apôtre ? — Il a écrit, en parlant d'un autre zélateur de sa chère pratique : « Quels obstacles ne peut surmonter la *tenacité française,* quand elle est aidée par un esprit de foi à transporter les montagnes, en même temps que par un très grand amour de la Très Sainte Vierge et des âmes? » (1) Sa ténacité était grande, son esprit de foi ne l'était pas moins et son amour pour Marie et les âmes les égalait.

----

(1) *Propagateur* de mai 1913, p. 152.

CHAPITRE DIXIÈME

LE PROPAGATEUR
ET
SA MERVEILLEUSE DIFFUSION

Ma vie a changé d'aspect.

DANS sa Règle, saint François recommande à ses enfants de travailler fidèlement et dévotement, de telle sorte qu'ils n'éteignent point en eux l'esprit de sainte oraison et de dévotion, auquel les autres choses doivent servir. Le travail intellectuel, encore plus que le manuel arrive facilement à ce triste résultat, même quand il a pour but la gloire de Dieu et le salut des âmes. Le religieux doit donc être vigilant à ne pas se laisser tellement absorber par son ministère, qu'il lui fasse perdre de vue sa propre sanctification. Saint Paul, que Dieu lui-même avait choisi pour être son porte-parole devant les nations, avait peur de se perdre en travaillant pour sauver les autres. Nous connaissons assez les sentiments du P. Jean-Baptiste pour être certains qu'il avait ce souci. Nous en trouvons la confirmation dans les résolutions qu'il prenait à la suite de sa retraite de cette année 1901, que nous avons vue si remplie. « Grâce à la miséricorde infinie de

Dieu, cette retraite a été assez bonne... Combien de temps les effets s'en feront-ils sentir ? Si j'en juge par l'expérience du passé, ils seront de courte durée. Pour qu'ils durent, il me faudrait beaucoup de recueillement, de silence et moins de préoccupations extérieures. Bien que je prévoie de nombreux obstacles, sous ces différents rapports, je prends néanmoins la résolution de mener une vie de plus en plus intérieure et recueillie. A cet effet, je serai fidèle à bien m'acquitter de mes oraisons, du saint Office, de l'exercice de la présence de Dieu et de mes différents exercices de piété. » Parmi ces exercices de piété figure en premier lieu la récitation quotidienne du Rosaire en entier.

Le P. Jean-Baptiste comprenait d'autant mieux la nécessité de cette vie intérieure, à mesure qu'elle lui devenait plus difficile. Il se voyait de plus en plus surchargé de travail et il en devinait un surcroît, dans un avenir prochain. Il ne doutait pas de l'extension que devait prendre son œuvre de propagande mariale ; allait-il devenir simplement un airain sonore, une cymbale retentissante ? Non, cela ne pouvait être, il aurait manqué à son premier devoir.

Nous aimons donc à penser qu'il demeura fidèle à ce programme pendant l'année qui allait s'ouvrir. A la retraite suivante, il ne faisait que le confirmer. Ecoutons-le se dire : « Depuis près d'un an, ma vie extérieure a changé d'aspect. Je ne prêche presque plus, je suis entièrement occupé et absorbé par la propagande des Trois *Ave Maria*, qui a pris une proportion extraordinaire. Cette œuvre est visiblement bénie par Marie et, malgré mon indignité, je me vois et je me sens appelé à me consacrer entièrement à cette sainte dévotion, qui obtient des grâces extraordinaires de conversion, de persévérance, de vocation, et même des faveurs purement temporelles. Cependant, dans cette propagande même, j'ai à craindre une trop grande préoccupation et dissipation : mes exercices de piété s'en ressentent trop souvent. Il faudrait que je parvienne à laisser toute préoccupation quand j'entre au chœur ou que je me mets en prière. Malgré mes occupations, je n'omettrai jamais ni l'oraison, ni mon rosaire, ni mon chemin de Croix ».

Nous verrons que, chaque jour, il savait prendre le temps nécessaire pour ses exercices de piété et que ces résolutions, les dernières que nous ayons retrouvées dans ses papiers, ont été fidèlement observées jusqu'à la fin.

Le Propagateur.

Les diverses formes que revêtit l'apostolat marial du P. Jean-Baptiste, l'immensité du champ où il s'exerça ne nous permettent plus de le suivre pas à pas, comme nous avons fait jusqu'à présent. Il nous faut donc grouper sous divers titres généraux ce que nous avons à dire de l'œuvre et de l'ouvrier. Jadis il avait pris pour devise : « *Ad Jesum per Mariam,* » elle avait été son premier secret de sainteté. Ce sera encore le but de son apostolat : amener les âmes à Jésus par Marie, au moyen des Trois *Ave Maria.*

Le *Propagateur* allait être entre ses mains un puissant auxiliaire, c'est par lui qu'il entrera en relation avec les dévots de la Madone ; qu'il animera leur confiance, échauffera leur ferveur, suscitera leur zèle, pour en faire autant d'apôtres de sa chère pratique. A tout seigneur, tout honneur, commençons donc par lui cet aperçu sur l'œuvre du P. Jean-Baptiste.

L'œuvre de Propagande.

Le premier numéro du *Propagateur*, dont nous avons donné l'analyse, avait paru comme supplément du journal hebdomadaire, *La Voix de Marie,* en date du 11 janvier 1902. Le deuxième, du mois de février, avait pris le format de revue, qu'il devait conserver, en augmentant le nombre des pages, de seize à vingt-quatre, puis à trente-deux, à mesure que le nombre des abonnés, toujours grandissant, accroissait les ressources. Bien des directeurs de revues similaires se sont demandé comment, avec un abonnement d'un franc par an, il pouvait arriver à équilibrer son budget. C'est que, de bonne heure, s'était établie une *Œuvre de propagande des Trois Ave Maria*, dont les associés s'engageaient à verser une modique cotisation de o fr. 15 centimes par mois, pour assurer une plus large publicité au *Propagateur*. Le P. Jean-Baptiste n'était pour rien dans cette institution, dûe à trois anciens élèves des Frères des Ecoles chrétiennes de Blois. (1)

Cette œuvre ne tarda pas à se transformer, et il suffisait aux abonnés d'ajouter 80 centimes à leur cotisation, pour avoir part aux avantages spirituels offerts aux associés. Le Directeur du *Propagateur* ne leur en pouvait offrir d'autres. Plusieurs messes étaient dites chaque année à leur intention : quatre d'abord, puis douze, puis

____

(1) *Propagateur* de Mai 1902, p. 4.

une chaque semaine, plus une aux jours des fêtes principales des Trois *Ave Maria,* l'Immaculée Conception, l'Annonciation et l'Assomption. Voilà tout le secret du P. Jean-Baptiste, donner un dividende spirituel à ses actionnaires.

Quelquefois aussi la Bonne Mère lui procurait des dons spontanés, qui lui permettaient de se montrer généreux. Tout ce qui entrait dans la caisse de l'œuvre était destiné à l'œuvre, dont le Directeur n'avait point le souci de faire fortune. Tant qu'il vécut au couvent, il n'avait pas à se préoccuper de ses moyens d'existence ; quand il eut été brutalement chassé de son cloître, il s'en remit à la Providence, qui lui assura le vivre et le couvert ; jamais il ne connut la sollicitude du lendemain. Plus tard le développement de l'œuvre l'obligera à se pourvoir d'auxiliaires ; ce sera encore l'œuvre qui suffira à tout, il s'occupera de la faire vivre et se développer avant de penser à lui-même.

Moine expulsé.

Nous venons de faire allusion aux expulsions des religieux. A Blois, elles eurent lieu le 19 mars 1904. On en chercherait inutilement le souvenir dans le *Propagateur.* Le P. Jean-Baptiste avait eu cependant une grave préoccupation à son sujet. Sa petite cellule de moine avait été jusque là le bureau de la rédaction et de la direction ; il fallait lui trouver un autre local. Dans ce but, il alla trouver son imprimeur, M. Migault, tout dévoué à l'œuvre, à laquelle il était heureux et fier d'apporter son concours. Il lui demandait un petit coin dans ses ateliers, où il pourrait installer une table de travail. C'était toute son ambition. Celui-ci ne se contenta pas d'accorder au bon Père Jean-Baptiste le peu qu'il désirait, mais il lui donna dans sa maison un petit cabinet tranquille, qui devint le centre du *Propagateur* et le siège de l'œuvre des Trois *Ave Maria,* en attendant que la Providence en disposât autrement.

Pour lui-même, il connut la vie errante et changea plusieurs fois de domicile. Pendant quelque temps, il reçut l'hospitalité chez des amis des religieux, en particulier chez une bonne demoiselle, à laquelle il a consacré quelques mots reconnaissants dans le *Propagateur.* C'est un devoir de justice que de conserver sa mémoire dans cette notice sur l'œuvre des Trois *Ave Maria* et son fondateur. « Le 18 avril (1910) à Blois, après une longue vie remplie de mérites et de bonnes œuvres, une sainte âme a quitté la terre pour le ciel. Depuis sa plus tendre enfance, jusque dans sa quatre-vingt-quatorzième année, Mademoiselle Joséphine Dufay n'a vécu que pour le Bon Dieu. Sa grande piété dépassait de beaucoup le commun. C'était une âme toute surnaturelle ; elle priait continuellement et avec la plus grande ferveur. Sa charité pour le prochain allait de pair avec son amour pour Dieu. Elle était la Providence des pauvres.

« Sans être des plus fortunées, elle accueillit dans sa maison les religieux Capucins au moment des expulsions. Elle en fut récompensée de la meilleure manière pour elle ; car ne pouvant plus sortir pour aller à l'église, elle eut la faveur d'avoir la sainte messe dans sa maison. C'était son suprême bonheur d'y assister et d'y faire la sainte Communion chaque jour, du moins aussi souvent qu'on put lui dire la sainte messe. Il nous a même été donné d'être hébergé dans sa demeure, près de deux ans, et d'y ériger un autel provisoire de Notre-Dame des Trois *Ave Maria*. Combien Mlle Dufay en fut heureuse ! Car dans sa grande piété elle adopta cette belle dévotion des Trois *Ave Maria* qu'elle aimait tant. Elle confessait lui devoir bien des grâces et c'est en toute vérité qu'elle rendit son âme à Dieu sous le regard de Notre-Dame des Trois *Ave Maria*, dont la belle image dominait toutes les autres dans son alcôve » (1).

De là il avait transporté ses pénates dans un appartement un peu plus spacieux, que l'on avait aménagé pour lui en une maison sise rue Pierre-de-Blois, au-dessus des bureaux du journal catholique *L'Avenir du Loir-et-Cher*. C'est là qu'il érigea le premier oratoire de Notre-Dame des Trois *Ave Maria,* sur lequel nous aurons à revenir. Il ne quitta ce logis que pour suivre les bureaux du *Propagateur,* dans la maison des Grands Degrés Saint Louis, où ils se trouvent depuis 1910.

Merveilleuse diffusion du Propagateur.

Ces détails, qu'il nous a paru intéressant de conserver, nous ont éloigné du *Propagateur*. Il commençait à paraître, avons-nous dit, en janvier 1902, comme Supplément mensuel au journal hebdomadaire, *La Voix de Marie*. Il n'avait encore aucun abonné. Malgré cela, confiant dans le succès, le P. Jean-Baptiste le faisait parvenir gratuitement à tous les abonnés du journal.

---

(1) *Propagateur* de Juin 1910, p. 158.

« Aujourd'hui, écrit-il dans sa *Chronique* du mois de février 1902, le deuxième numéro du *Propagateur* est tiré à cinq mille exemplaires, et s'en va, dans toutes les directions, faire connaître et aimer la douce dévotion aux trois *Ave* » (1). C'était une manière de lui attirer des associés. Ils ne vinrent cependant qu'en petit nombre, car au mois d'août suivant, quand le *Propagateur* devint une revue indépendante, obligée par conséquent de vivre par ses propres moyens, ils étaient à peine un cent. Un autre aurait pu hésiter, mais le P. Jean-Baptiste était certain du succès, et il avait raison. Au début de l'année 1903, les abonnés arrivaient presque à cinq cents. Un an après, ils étaient plus de trois mille ; quatre mille au mois de juin ; six mille en janvier 1905 ; plus de dix mille en 1908 ; vingt-cinq mille en 1915 ; trente mille au commencement de 1917 et près de trente-six mille quand mourut le fondateur, au mois de juillet 1918. Dans ces chiffres nous ne faisons pas entrer les abonnements au *Petit Propagateur* pour les enfants, auquel nous consacrerons un article spécial.

Causes de ce succès.

D'où venait un pareil succès, que ne peut vanter, croyons-nous, aucune revue de ce genre ? La seule explication nous paraît être celle que nous lisons au Livre des Psaumes : « *A Domino factum est istud, et est mirabile in oculis nostris* » (2). C'est là l'œuvre du Seigneur, elle est admirable à nos yeux. Oui, c'était vraiment

---

(1) *Propagateur* de Mars. p. 13.
(2) Ps. 117. v. 23.

l'œuvre du divin Sauveur pour glorifier sa très sainte Mère, nous ne pouvons que l'admirer, sans l'expliquer autrement que par un dessein spécial du Ciel.

Point de doute, le zélé P. Jean-Baptiste n'épargnait aucun des moyens, qui étaient en son pouvoir, pour répandre son *Propagateur,* et bientôt il ne fut plus seul. Dès les premiers temps, il avait rencontré des zélateurs et des zélatrices, qui contribuèrent à cette diffusion et rivalisèrent de pieuses industries, pour assurer de nouveaux abonnés à leur chère revue.

Deux zélatrices modèles.

Telle cette pieuse religieuse de Saint-Paul de Chartres, Sœur Estelle de la Croix, pieusement décédée en 1916, que le Père appelait sa première grande zélatrice, et qu'il donnait pour modèle aux autres. « La première en date, elle était, disait-il, la première par le mérite » (1). Telle encore cette autre religieuse, maladive et impotente, clouée sur son lit, et qui du fond de son infirmerie avait en six ou sept ans, suscité et recueilli plus d'un millier d'abonnements aux deux *Propagateurs.*

Sans arriver à de pareils résultats, d'autres rivalisaient de zèle pour la gloire de la Vierge Marie et le salut des âmes et, à l'occasion, il aimait à citer leurs exemples et leurs industries. Les uns l'aidaient de leur bourse, le plus grand nombre de leur activité entreprenante. Aux uns comme aux autres, il fournissait largement ce qu'il nommait des Munitions, tirées de son Arsenal des Trois

---

(1) Le P. Jean-Baptiste lui a consacré une notice détaillée dans les bulletins de juin 1916 et suivants.

Ave Maria. Quand il s'agissait de favoriser la propagande de sa chère pratique, il ne savait pas compter, et les moindres services des zélateurs étaient rétribués par un envoi de feuilles, d'images, de médailles.

A leur intention, il avait fait exécuter, d'après un dessein à la plume du chanoine Croisier, un diplôme d'honneur, destiné à faire beaucoup d'heureux et, il le souhaitait, beaucoup de jaloux. « Ce sera à qui voudra le mériter » (1).

Le dernier travail que le P. Jean-Baptiste, déjà miné par la maladie, ait publié dans le Propagateur avait pour sujet : « Les qualités et fonctions d'une bonne zélatrice ». Commencé dans le numéro de janvier 1918, il se terminait dans celui de juillet, à la veille du jour où lui-même allait, nous en avons confiance, recevoir la récompense de son zèle. Nous pouvons donc le regarder comme son testament spirituel, par lequel il leur léguait la prospérité de son œuvre qui était aussi la leur.

Que trouve-t-on dans le Propagateur ?

On y trouve de nombreux articles de théologie mariale, dus en grande partie au P. Jean-Baptiste et aussi à de dévoués collaborateurs. Ils ne sont pas exclusivement consacrés à la dévotion des Trois *Ave Maria*, mais la plupart y font allusion et la conclusion logique est d'en faire adopter la pratique comme moyen efficace d'honorer la Reine du Ciel et d'obtenir sa protection.

Articles de Polémique.

De temps à autre on en trouve qui sont destinés à la

____

(1) *Propagateur* de 1903. p. 61.

défense des Trois *Ave Maria*. Malgré les approbations pontificales, malgré les vœux des Congrès Marials et tout ce qui avait été écrit un peu partout, pour recommander cette dévotion, malgré sa diffusion mondiale, nous ne voulons pas dire à cause de cela, elle rencontrait encore des adversaires, assez rares, il est vrai, et bien à court d'arguments solides. Ceux qui se résignèrent à ces attaques apprirent à leurs dépens qu'il ne fallait pas écrire une ligne dans laquelle le P. Jean-Baptiste pût voir une critique de son œuvre. Il se faisait alors le champion de la Madone et, paladin de la Reine du Ciel, il entrait en lice. Armé de sa plume en guise d'épée, il frappait d'estoc et de taille, et pourfendait les adversaires de sa Dame, quand il ne les amenait pas, ce qui lui souriait davantage, à lui faire amende honorable. Nous ne leur ferons pas l'honneur, ou plutôt l'affront de les nommer. Ils n'avaient fait qu'emboiter le pas d'un folliculaire protestant qui, dès 1902, alors que le *Propagateur* ne faisait que de naître, consacrait deux articles à attaquer les Trois *Ave Maria* et la nouvelle revue.

Pourquoi ne le dirions-nous pas ? Cette ardeur belliqueuse du P. Jean-Baptiste réjouissait ses amis ; ils auraient presque désiré voir plus souvent des polémiques de ce genre, afin d'admirer la verve railleuse avec laquelle il ripostait aux attaques. Ils ne se privaient pas, dans l'intimité, de l'entreprendre sur ce sujet, de lui faire des objections, de chercher à le prendre en défaut et de le mettre à court d'arguments. C'était peine perdue. Une fois seulement il se trouva angoissé. Un correspondant imaginaire, soi-disant ermite de saint Augustin, lui faisait arriver de fort loin, alors qu'il habitait une ville voisine, de longues lettres en latin, lui exposant les difficultés qu'avait fait naître dans son esprit la lecture du *Manuel*, lui soumettant ses doutes, lui demandant de vraies consultations théologiques, sans lui donner jamais une adresse où envoyer ses réponses. Ce pauvre ermite disait être toujours en route pour prêcher. Le bon Père ne se doutait point de la supercherie, ceux de son entourage souriaient, lui seul était inquiet. Comment faire pour calmer les scrupules de son correspondant imaginaire, qui se déclarait humblement un « théologien inhabile et vieillisant, très dévot de la Madone » ? Déjà il lui avait répondu par la voie du *Propagateur* (1), quand on le mit en garde contre ces lettres, signées d'un pseudonyme à allure érémitique et exotique. Loin de se fâcher, il se mit du côté des rieurs. Cette polémique lui avait donné une nouvelle occasion de réfuter les objections possibles et de préciser encore plus clairement la doctrine des Trois *Ave Maria*. Nous venons de le comparer aux vieux paladins du moyen-âge, qui, parfois, visière levée, fonçaient sur leurs adversaires masqués. C'était le cas et, cette fois encore, la victoire resta au chevalier de la Vierge.

Poètes et poésies.

Que trouve-t-on dans le Propagateur ? Les poètes, gens d'imagination et de rêveries, y coudoient les graves théologiens aux arguments serrés et péremptoires. Presque pas de numéro qui ne renferme quelques strophes,

(1) Ann. 1911. p. 59.

écrites par des âmes pieuses, à la gloire de Marie. Compositions bien inégales, sans doute, dont beaucoup n'auraient pas remporté de prix dans les anciens palinods et puys Nostre-Dame, ou n'obtiendraient aucune fleur d'or ou d'argent aux jeux floraux de Toulouse. Le P. Jean-Baptiste ne pensait pas qu'il y eut besoin d'être académicien pour chanter la Vierge. Le petit bébé attend-il d'avoir appris les règles de la syntaxe pour dire son amour à sa maman ? Il ouvrait donc sa revue aux enfants de Marie, qui désiraient chanter leur bonne Mère, et nous ne saurions l'en blâmer, son but n'était-il pas de la faire aimer? Ce n'est pas qu'il dédaignât la belle littérature, mais aux phrases sonores, il préférait le genre simple, plus accessible à l'ensemble de ses lecteurs.

Une de ses dernières joies avait été recevoir un élégant rythme latin, écrit à l'honneur de Notre-Dame des Trois *Ave Maria,* par l'hymnographe de la S. Congrégation des Rites, le poète officiel de la sainte Eglise (1).

Actions de grâces.

Que trouve-t-on dans le Propagateur ? Un cantique perpétuel d'actions de grâce à la Vierge puissante, à la Mère de Miséricorde, pour les bienfaits sans nombre obtenus par la *Neuvaine efficace des Trois Ave Maria.* Il commença avec les tout premiers numéros et il se poursuit chaque mois plus magnifique et plus consolant. « Malgré ses trente-deux pages, le Propagateur ne suffirait pas à insérer toutes les lettres qu'on nous envoie », disait le P. Directeur à ses correspondants qui se plaignaient

---

(1) *Propagateur* de Juillet 1918, p. 198.

des coupures faites par les ciseaux de la rédaction, dans l'expression de leur reconnaissance. Chaque mois, plusieurs pages y sont consacrées, simple nomenclature dont la longueur atteste que jamais on invoque en vain la Vierge toute miséricordieuse « *Piissima Virgo Maria.* »

Avant la fondation du *Propagateur,* le père Jean-Baptiste avait publié *La Pratique merveilleuse des Trois Ave Maria,* sur la fin de 1906 il faisait paraître simultanément les *Grandes merveilles des Trois Ave Maria* et les *Grandes grâces de la Neuvaine efficace* (1). Ce n'était point, disait-il en parlant du premier opuscule, un recueil complet des grâces obtenues, mais seulement un choix des principales parmi celles qui étaient parvenues à sa connaissance, depuis les quelques années qu'il avait commencé à recommander cette dévotion, et, pour le composer, il n'avait eu qu'à glaner dans le *Propagateur* les plus belles fleurs écloses sous tous les cieux dans les cœurs reconnaissants.

Les Trois « Ave » dévotion mondiale.

Oui, sous tous les cieux, car la revue justifiait le nom que lui avait donné son fondateur. Elle propageait la la dévotion des Trois *Ave Maria* non seulement en France, mais à l'étranger, dans les pays les plus lointains de l'Asie, de l'Afrique et de l'Amérique. Qu'on lise les Chroniques des premières années, les Variétés et Nouvelles, les Echos des Missions, et l'on verra que, partout où il arrive, le *Propagateur* suscite des apôtres

---

(1) Le premier opuscule, Blois, Imprimerie Migault, in-12 de 87 p. Le second à Tours, chez Cattier, in-12, de 32 p.

de la pieuse pratique, et comment partout elle fait des merveilles et opère des prodiges.

Le P. Jean-Baptiste avait ambitionné le titre de Prédicateur de Marie. Cette pieuse ambition eût été satisfaite, s'il n'avait cherché que sa gloire personnelle. Mais elle ne pouvait l'être, car la gloire qu'il cherchait était la gloire de Celle qui l'avait choisi pour être son apôtre. *Gloriam meam non quaero, sed ejus qui misit me.*

Le don des langues.

Pour cela il eût voulu avoir le don des langues. « Déjà, écrivait-il en 1911, nous avons reçu beaucoup de demandes de Propagateurs, en langue espagnole, italienne, anglaise, allemande. Mais nous n'avons pas le don des langues, et pour bien faire, il faut être sur place ; aussi serons-nous heureux de seconder toutes les initiatives qui se produiront, sans craindre la concurrence dans la diffusion de notre chère dévotion. Nous la désirons plutôt pour le bien de âmes, afin que, grâce à une sainte émulation, chacun s'évertue à faire aimer et honorer davantage la Vierge aux trois Grands Privilèges » (1).

Il désirait seulement que ces revues indépendantes, que ces nouveaux centres de propagande, ces succursales, demeurassent en union avec le centre principal de Blois, pour y puiser la vie et l'inspiration. « Mais en dehors de cette dépendance plutôt morale, nous tenons à déclarer bien haut que, dans tous les pays du monde,

---

(1) *Propagateur* de Juillet, p. 196.

chacun est libre de fonder une œuvre similaire, avec revues, articles de propagande, propres au génie de chaque langue, en accordant la plus large permission de s'inspirer de nos œuvres précédemment publiées et de celles qui pourront suivre » (1).

Au Brésil, au Mexique et en Espagne.

Il écrivait les lignes qui précèdent en saluant la naissance d'une revue éditée en portugais, au Brésil, par un missionnaire français, l'abbé Ferroud, sous le titre de *Propagandista das Tres Ave Maria*. Peu après, il était heureux de savoir que deux autres frères de langue espagnole lui étaient nés. Le premier avait fait son apparition au mois d'août 1912, sur la terre du Mexique, *El Apostol de las Tres Ave Maria*s, et était publié à Mexico, par les soins d'un prêtre zélé, don Gerardo Maria Herrera, à l'ombre du sanctuaire de Notre-Dame de Valvanera, où était établie une œuvre de l'Apostolat des Trois *Ave Maria*. Le second, *El Propagador de las Tres Ave Marias*, commençait sa publication avec le mois de janvier 1913, sous la direction des frères mineurs capucins du couvent de Totana, dans la province de Murcie.

Outre ces trois revues spéciales à la dévotion des Trois *Ave Maria,* les autres revues mariales se faisaient souvent aussi les échos du *Propagateur*, lui empruntant ses articles, comme lui-même aimait à le faire à l'occasion. Le P. Jean-Baptiste n'était point jaloux de ses droits d'auteur, il n'usait pas de la formule :

---

(1) *Propagateur* de Juillet, p. 196.

reproduction interdite. Loin de là, on lui faisait plaisir en le pillant ; pourvu que la dévotion des Trois *Ave Maria* se répandit, il était heureux, car il ne prétendait à aucun monopole. S'il revendiquait ses droits, c'était lorsqu'il la voyait attaquée. Alors il devenait intransigeant et même, une fois, bien qu'à regret, il eut recours aux voies légales.

Ne nous attardons pas à ces pénibles épisodes, mais suivons les progrès merveilleux et consolants des Trois *Ave Maria* à travers le monde.

CHAPITRE ONZIÈME

LES FEUILLES DE PROPAGANDE

Les images, les médailles, la statue de Notre-Dame des Trois Ave Maria
Origine de ce nom

Le ciel assuré.

LE *Propagateur*, que nous avons placé au premier rang parmi les moyens dont se servit le P. Jean-Baptiste pour répandre la dévotion des Trois *Ave Maria,* n'avait cependant pas été le premier en date. Il est né, pouvons-nous dire, de l'extension prise par cette pratique à la suite du Congrès de Lyon. Il servirait de trait d'union entre tous ceux qui l'avaient adoptée avec un pieux enthousiasme. Il était donc un résultat plus qu'une cause. D'où était parti ce mouvement? Nous croyons devoir l'attribuer au feuillet du *Ciel assuré:* il fut le grain de sénevé de l'Evangile, qui donne naissance à un grand arbre où les oiseaux du ciel viennent faire leur nid. Lambeau d'azur détaché du firmament, la petite feuille avait porté partout le message de Marie, invitant toutes les âmes à lui rendre le faible hommage quotidien de leur triple *Ave,* et ce message avait été accueilli par des milliers et des milliers d'âmes pieuses.

Un million en un an.

Le premier tirage de cent mille exemplaires avait été fait au mois d'août 1900. Trois cent mille furent écoulés en quelques mois, le quatre centième mille était imprimé au mois de mai 1901. Le six centième était en cours de distribution quand parut le premier numéro du *Propagateur,* en janvier 1902. La *Voix de Marie* du 19 avril offrait à tous ses lecteurs un exemplaire du sept centième mille. En juin, nous sommes à huit cent mille, à neuf cents en septembre, à la fin de l'année nous arrivons au million. En moins de dix-huit mois par conséquent, un million de petites feuilles avaient pris leur vol et propagé la pratique des Trois *Ave Maria* dans le monde entier. Nous ne parlerons ici que de celles qui partaient de Blois, car il y avait d'autres éditions et des traductions en langues étrangères.

Au Canada.

Pendant son séjour à Lorient, le P. Jean-Baptiste avait connu un Frère des Ecoles Chrétiennes, qui depuis était devenu Visiteur de sa congrégation au Canada, le Fr. Gémel-Martyr. Il pensa trouver en lui un auxiliaire efficace pour propager la pieuse pratique au milieu des enfants des écoles, et, par suite, dans cette religieuse population. « Je lui envoyai, lisons-nous dans le *Journal,* tous les documents en ma possession sur la dévotion des Trois *Ave Maria*, (Bref d'indulgences, Rapport de Lyon, le Ciel assuré), le priant de faire connaître cette pratique aux enfants du Canada français. Après en avoir reconnu l'excellence et pressenti l'efficacité, il la propagea

avec zèle. Dans ce but, il en fit une édition spéciale (1).
Au bout de deux mois, il avait distribué dix-huit mille
de ces feuilles : en moins d'un an il atteignit le chiffre de
soixante-dix mille, et d'autres personnes imitaient son
zèle. Un de ses confrères lui écrivait en janvier 1901 :
« La petite feuille fait fureur. Tout le monde veut l'avoir,
si vous en avez quelques centaines, elles seront les bien
venues au milieu de notre chère et bonne population ».

Traductions en langues étrangères.

Au mois de février 1901, le dévoué zélateur des Trois
Ave Maria au Canada pensa que cette propagande
pourrait également se faire avec fruit au milieu de la
population de langue anglaise, car, disait-il, « ceux qui
parlent anglais ont aussi une âme ». Il proposait donc
au P. Jean-Baptiste de publier le *Ciel assuré* dans cette
langue, ce que, on le devine bien, il accepta avec enthousiasme. Il y mettait comme seule condition que l'on
envoyât quinze cents exemplaires, à son confrère, dont
nous avons fait mention, le P. Daniel, missionnaire au
Rajpoutana, dans les Indes Anglaises. C'était une
manière d'y propager cette dévotion salutaire.

En juillet 1901, il mentionne dans son *Journal* qu'il a
reçu la traduction espagnole. La quatrième que nous
connaissons était en langue flamande et elle parut au
commencement de 1902. La même année, on en publiait
une double version italienne. Une avait été faite à Rome
par un P. Mariste, l'autre à Turin par les Lazaristes.
Cette dernière porte l'*Imprimatur* du Cardinal Richelmy,
en date du 16 octobre.

---

(1) Imprimée à Montréal, avec le visa de Mgr Racicot, vicaire général.

Ces traductions aidaient efficacement à la propagande
dans les pays où ces langues sont parlées. Elle se faisait
aussi ailleurs, et voici comment. De beaucoup de couvents
et de beaucoup de communautés de France, la petite
feuille partait dans les envois faits aux missionnaires, qui
tous à l'envi se faisaient les échos de cet appel de Marie.
Dans les écoles, maîtres et maîtresses enseignaient aux
enfants à réciter les Trois *Ave Maria*, les prêtres recommandaient la salutaire pratique aux fidèles de tout
âge ; ainsi du monde entier à chaque heure du jour et de
la nuit, montait vers le ciel un concert de louange et de
prière à la Vierge puissante, sage et miséricordieuse.

Le ciel assuré devient le ciel ouvert.

Un grave souci vint assaillir le P. Jean-Baptiste vers
la fin de cette année 1902. Au moment où le *Ciel assuré*
arrivait au premier million en France, il dut modifier le
titre du petit feuillet. Il l'avait voulu sensationnel,
avons-nous dit. A Rome, où l'on est vigilant sur la
doctrine, on trouva qu'il l'était trop. La première traduction avait paru, si nos souvenirs sont précis, sans
être munie des approbations requises pour tout ce qui est
imprimé dans la Capitale du monde chrétien. C'était,
disons-le, un simple oubli du traducteur, ce n'en était
pas moins une omission regrettable. La petite feuille
ainsi éditée finit par tomber sous les yeux d'un haut
personnage, auquel ses fonctions faisaient un devoir de
surveiller toutes ces publications. L'absence de l'*Imprimatur* requis lui fit une mauvaise impression, que le
titre n'était pas pour dissiper. Il lu le feuillet sans

bienveillance, mais ne trouva rien à redire au texte; c'était ce titre : le *Ciel assuré*. On ne pouvait laisser propager cette dévotion, si excellente qu'elle fût, avec un titre qui pouvait prêter à une interprétation exagérée. Que devait-il faire ?

Voyant que le feuillet avait pour auteur un Capucin, il alla trouver le R^{me} P. Pie de Langogne, théologien comme lui de l'Index et du Saint-Office, et lui soumit le cas, ne voulant pas condamner un de ses confrères sans l'avoir entendu. « Il n'y a que le titre qui vous paraisse répréhensible, répondit le P. Pie à son interlocuteur ? » — « Rien que le titre ». — « Eh bien tranquillisez-vous, il ne sera pas difficile de le faire modifier, de façon à éviter toute équivoque ».

Nous ne dirons pas que ce fut sans regret que le P. Jean-Baptiste accepta cet arrangement ; il aurait voulu défendre son titre, comme il l'avait fait dernièrement au Congrès Marial de Fribourg. Mais il n'y avait pas à discuter avec l'Index. C'est ainsi que le *Ciel assuré* devint le *Ciel ouvert*.

En écrivant après bien des années ce récit, que nous tenons de la bouche de celui qui fut, en l'occurrence, le sauveur du P. Jean-Baptiste, nous trouvons qu'il avait fort mauvaise grâce à faire des difficultés pour un mot, puisque cet examen attentif du petit feuillet équivalait à la plus haute approbation qu'il pût souhaiter. Nous croyons qu'il ne le comprit jamais, car il regretta jusqu'à la fin son premier titre. Le fait est que ce changement, qu'il lui avait été imposé, ne fit aucun tort à la diffusion des Trois *Ave Maria*. Il n'en pouvait être autrement, car l'obéissance se termine toujours par un chant de triomphe : « *Vir obediens loquetur victorias* » (1).

Un million par an.

Le *Ciel ouvert* par la pratique des Trois *Ave Maria* continua avec un égal succès la propagande commencée par le *Ciel assuré.* Les tirages successifs n'étaient plus chiffrés que par millions. Nous avons fait le relevé suivant :

Janvier 1907, troisième million.
Juin 1908, quatrième million.
Mars 1909, cinquième million.
Janvier 1911, sixième million.
Janvier 1913, septième million.
Août 1914, huitième million.
Juillet 1916, neuvième million.

Les préoccupations de la guerre empêchèrent le P. Jean-Baptiste de penser à continuer cette énumération ; mais nous croyons être au-dessous du chiffre vrai en disant, qu'au moment de sa mort, le dixième million était commencé.

Edition illustrée.

A côté de cette édition de propagande, il y en avait une autre, de luxe celle-là, et qui est une des plus jolies compositions qu'ait inspiré la dévotion des Trois *Ave Maria.* Au mois d'août 1901, la maison Saudinos-Ritouret, de la place Saint-Sulpice à Paris, offrait au P. Jean-Baptiste de mettre en image le petit feuillet du

______

(1) Prov. XXI, 28.

Ciel assuré. Il n'aurait encore osé espérer pareille proposition. Dans l'illustration des quatre pages, l'artiste, évidemment dirigé par lui, sut traduire et grouper plusieurs idées qui lui étaient chères.

En tête de la première est le couronnement de la Vierge, par les trois Personnes de la Très Sainte Trinité. « Couronnement, aimait-il à répéter, qui est un des plus beaux emblèmes des Trois *Ave Maria*, puisqu'il symbolise la puissance, la sagesse et la miséricorde, conférées par le Père, le Fils et le Saint-Esprit à la Reine du ciel et de la terre ». La Vierge est représentée sous la figure de Notre-Dame de Lourdes, parce qu'à « Lourdes, Marie est le Lis immaculé de la Très Sainte Trinité, et que c'est là spécialement qu'elle manifeste sa Puissance : elle écrase la tête du serpent infernal par son Immaculée Conception et guérit les malades ».

La seconde page est consacrée à Notre-Dame de Pontmain, « parce que dans cette célèbre apparition, la Très Sainte Vierge, encadrée dans trois grandes étoiles, symbole des trois divines Personnes, nous a manifesté surtout sa Sagesse, deuxième privilège conféré à Marie par son adorable Fils, la Sagesse incarnée. A Pontmain, en effet, Marie est venue à nous comme une Avocate pour nous éclairer, nous instruire et nous consoler au milieu de nos malheurs.

« A la troisième page est représentée Notre-Dame de Pellevoisin, avec sa guirlande de roses aux trois couleurs symboliques. Et ce n'est pas sans raison. A Pellevoisin, en effet, Marie nous a témoigné sa grande Miséricorde, troisième privilège de Marie, à Elle communiqué par l'Eprit d'amour. « Je suis, a-t-elle dit, toute miséricordieuse ». Et comme instrument et moyen de ses miséricordes, elle présente le Scapulaire du Sacré-Cœur ».

Enfin, sur la dernière page, quatre médaillons représentent les quatre grands Saints, qu'il aimait à nommer les quatre propagateurs et protecteurs des Trois *Ave Maria*. « Sainte Mechtilde, à qui la Trés Sainte Vierge en fit la révélation avec promesse de la persévérance finale ; saint Antoine de Padoue, qui en fut le premier prédicateur : saint Léonard de Port-Maurice qui, au commencement du XVIIIe siècle, en fut l'apotre infatigable ; et saint Alphonse de Liguori, qui mérite à bon droit d'en être appelé le Docteur » (1).

L'ornementation est complétée par des branches de lis et de roses, toujours groupées trois par trois et par des banderoles portant le triple *Ave Maria*.

Ce gracieux feuillet avait été tiré à cinquante mille exemplaires, qui furent écoulés en dix-huit mois. La seconde édition, heureusement améliorée, en particulier pour la première composition, parut en juin 1903, avec le nouveau titre du *Ciel ouvert*. Pour cette fois, nous nous trouvons en complet accord avec le P. Jean-Baptiste, pour vanter l'exécution de cette image qu'il nommait « un petit chef-d'œuvre, destiné à faire les délices des âmes pieuses ». Rarement ses inspirations furent aussi heureusement rendues.

Autres traductions.

Nous avons déjà mentionné plusieurs versions du petit feuillet : anglais, allemand, espagnol, flamand,

---

(1) *Propagateur*, 1903, p. 115.

italien. D'autres suivirent, car les apôtres zélés de notre chère pratique ne pouvaient négliger ce moyen si efficace de la faire connaître. En 1913, le *Ciel ouvert* était traduit en *seize dialectes*. Aux traductions que nous avons dites, étaient venues s'ajouter celles en arabe, arménien, breton du Morbihan et breton du Finistère, bulgare, grec, hollandais, portugais, tamoul et turc. Il y avait eu d'autres traductions projetées et annoncées, mais nous n'en trouvons pas la trace. Depuis lors, d'autres vinrent augmenter la série, une par exemple en singhalais, pour les habitants de l'île Ceylan, qui ne parlent pas le tamoul, une autre en kiswahili, langue en usage dans l'Est-Africain. Cette énumération est certainement incomplète, mais elle suffit à montrer la diffusion admirable que prenait et prend chaque jour la pieuse pratique, grâce à la petite feuille du *Ciel ouvert*.

Disons pour terminer ce paragraphe des traductions, que le directeur d'une institution d'aveugles eut la bonne inspiration de transcrire le texte en caractères Braille, pour le pouvoir distribuer à ses élèves.

La Neuvaine efficace.

Après le *Ciel ouvert,* c'est à la *Neuvaine efficace* qu'est due surtout la diffusion de la dévotion aux Trois *Ave Maria*. Pour elle aussi, les tirages succédaient aux tirages. En dix ans, ils arrivaient au chiffre respectable de trois millions d'exemplaires, en 1921, on était au cinquième. Nous ne répéterons pas ce que nous avons dit des grâces spirituelles et temporelles qu'elle a obtenues et qu'elle obtient tous les jours, mais regardons-la, comme le *Ciel ouvert*, franchir les montagnes, traverser les océans et ouvrir tous les cœurs à la confiance en la puissance, la sagesse et la miséricorde de la Madone. En 1912, à la connaissance du P. Jean-Baptiste, elle était traduite en allemand, anglais, arabe, arménien, bulgare, espagnol, goanais, grec, hollandais, italien, japonais, portugais et turc.

Le *Rapport* au Congrès de Lyon et d'autres opuscules, dont nous avons parlé étaient également traduits en divers idiomes et l'ouvrage plus complet : *La dévotion aux Trois Ave Maria*, se lisait, dès 1903, en allemand et en italien.

Les images.

Un autre instrument de propagande avait été les images, dont le texte était imprimé en plusieurs langues. Il restait beaucoup à faire de ce côté ; dans ce genre, la bonne volonté ne suffit pas, il faut un talent spécial qui n'est donné qu'à un petit nombre.

Nous avons eu occasion de décrire la première, due au crayon de l'abbé Gatellier, et représentant le couronnement de la Vierge Immaculée par les trois Personnes divines. Une petite remarque au sujet de cette première image. L'artiste avait placé le Père éternel à droite et notre divin Sauveur à gauche. C'était contraire au texte bien connu du Psaume : *Dixit Dominus Domino meo sede a dextris meis.* « Celui qui est le Seigneur a dit à son Fils mon Seigneur : asseyez-vous à ma droite ». Cette erreur avait été corrigée sur le feuillet illustré du

Ciel ouvert, cependant l'image resta la même assez longtemps, en attendant probablement que le tirage en ait été épuisé. Toutefois, en faisant reproduire le même sujet pour décorer la couverture du *Propagateur,* au commencement de 1903, les deux premières personnes de la Très Sainte Trinité occupaient leurs places traditionnelles.

Puisque nous parlons de la première couverture du *Propagateur,* nous dirons aussi que l'abbé Gatellier, qui en était l'artiste, avait eu l'heureuse inspiration de donner comme base à cette vision céleste la ville de Blois, dont le panorama se déroulait au-dessous de l'image. C'était avec raison, puisque c'était de Blois que le *Propagateur* partait chaque mois, pour aller répandre dans le monde la salutaire pratique des Trois *Ave Maria.*

Nouvelle image.

Si cette première représentation du couronnement de la Très Sainte Vierge avait, dans le principe, satisfait le P. Jean-Baptiste, au bout de quelques années elle ne répondait plus à son idéal, car elle n'exprimait qu'implicitement le sens de la dévotion des Trois *Ave Maria.* Au mois de janvier 1906 il s'excusait presque de n'avoir pu, jusque là, « offrir aux nombreux dévots des Trois *Ave Maria* une image parfaite et complète de la Vierge aux trois grands privilèges, ou de Notre-Dame des Trois *Ave Maria* ». Aussi était-il tout joyeux de leur annoncer qu'il avait trouvé mieux : trouvé, dit-il, non pas inventé. Il avait fait sa découverte dans le récit d'une vision de sainte Gertrude. « Aux matines de la fête de l'Annonciation, cette sainte chantait avec ses sœurs l'*Ave Maria* ; elle vit tout à coup jaillir du cœur de chacune des trois personnes divines trois rayons lumineux qui pénétraient dans le cœur de la Bienheureuse Vierge, pour de là remonter à leur source. En même temps elle entendait ces paroles : Après la Puissance du Père, la Sagesse du Fils, la Tendresse miséricordieuse du Saint-Esprit, rien n'approche de la Puissance, de la Sagesse et de la Tendresse miséricordieuse de Marie » (1). L'image idéale de la Vierge des Trois *Ave Maria* était trouvée, il en confia l'exécution à la maison Saudinos de Paris, qui l'éditait en couleurs.

« Mais, disait-il, la Très Sainte Vierge n'a reçu ces privilèges que pour s'en servir en notre faveur, voilà pourquoi de ses mains bénies s'échappent des rayons, symbole des grâces spirituelles et temporelles qu'elle répand sur ceux qui l'implorent ». Ils sont figurés par deux groupes placés au-dessous de la représentation de la vision de sainte Gertrude. D'un côté on voit le Pape qui a approuvé et indulgencié les Trois *Ave Maria,* des prêtres et des religieux priant et honorant la Vierge Immaculée, de l'autre côté on remarque une famille, père, mère et enfants, en prière aux pieds de celle qu'on n'a jamais invoquée en vain. Depuis lors aussi, cette nouvelle composition servait de décoration à la couverture du *Propagateur.*

Encore mieux.

Quand le P. Jean-Baptiste avait une idée, il ne cessait

____

(1) *Manuel,* p. 26.

de la creuser. Il trouva donc bientôt un perfectionnement à apporter à son image idéale de la Vierge des Trois *Ave Maria*. Au mois de mars 1907, il annonçait une nouvelle édition de cette figure emblématique. « C'est toujours, écrivait-il, la Très Sainte Vierge avec les trois Personnes divines, qui communiquent leur attribut personnel au Cœur Immaculé de Marie, mais cette divine Vierge a une pose différente et mieux réussie. D'une main elle montre son Cœur, océan et réservoir des grâces célestes, et de l'autre elle répand ces mêmes grâces sur cette pauvre terre d'exil. Au lieu des groupes placés au-dessous d'Elle, dans l'autre image, c'est le globe terrestre qui est représenté. Dans ce globe, un peu perdu dans les nuages, on entrevoit distinctement la France, bien petite en comparaison du monde entier, mais qui occupe une grande place dans le Cœur de Marie, puisqu'Elle en a fait son royaume ».

La couverture du *Propagateur* porta ce nouveau dessin jusqu'au mois de mai 1909. Il reçut alors une gravure d'un style plus ornemental, mais la représentation de la Vierge reste toujours la même, car, pouvons-nous dire, elle est devenue le type définitif de Notre-Dame des Trois *Ave Maria*.

Les médailles.

Nous avons tenu à suivre les diverses modifications et les perfectionnements successifs apportés par le P. Jean-Baptiste à l'image de la Vierge aux trois grands privilèges. Bien peu, en la regardant, se doutent des méditations qu'elle demanda à notre apôtre, afin de lui faire exprimer le sens de la dévotion qu'il recommandait. Puisque nous sommes sur ce sujet de l'iconographie de la Vierge des Trois *Ave Maria*, c'est l'occasion de parler aussi de la médaille.

« Depuis longtemps, lisait-on dans la Chronique du mois de mai 1902, plusieurs dévots des Trois *Ave Maria* désiraient vivement une Médaille spéciale à cette dévotion. La création de cette médaille vient d'être décidée en principe. Elle représentera le couronnement de la Vierge Immaculée par les trois Personnes divines, avec, en exergue, les mots trois fois répétés : *Ave Maria*. Le revers nous donnera l'explication de la médaille et la nature de la pratique par ces mots très lisibles : Les Trois *Ave Maria* en l'honneur des privilèges de Marie : Puissance, Sagesse, Miséricorde. Ces trois derniers seront gravés sur les trois pétales d'une fleur de lis emblématique, au-dessous d'un triangle lumineux représentant la Très Sainte Trinité, suivant une vision de sainte Gertrude ».

Exécutée d'après ce projet, la médaille était mise en vente au mois d'octobre de cette année 1902. Dans la suite, le sujet principal reçut les mêmes modifications que l'image. Le revers reçut aussi un petit changement : Au-dessous de la fleur de lis symbolique, il avait fait graver les paroles : Retire-toi, Satan, « l'exorcisme par excellence, prononcé par Notre-Seigneur contre le démon », écrivait-il. Puis, dans le bas des pétales, on voit les lettres V. R. S. qui sont les initiales des trois mots latins : *Vade retro, Satana,* comme sur la médaille de Saint-Benoît, qui tire toute son efficacité de cet exorcisme.

Plus tard encore, la fleur de lis était remplacée sur certaines médailles par l'image du Sacré-Cœur, afin de la rendre conforme aux décisions sur les médailles qui peuvent remplacer les scapulaires.

La statue.

Pour achever ces notes sur les représentations de Notre-Dame des Trois *Ave Maria,* il nous reste à parler de la statue. Elle vint en dernier lieu, par suite des difficultés de l'exécution. Le P. Jean-Baptiste y pensait depuis longtemps, mais comment faire ? Ecoutons-le : « Eh bien, nous dit-on de tous côtés, et la statue de Notre-Dame des Trois *Ave Maria*, quand l'aurons-nous ? car nous en voulons avoir une... — Patience ! elle se fait, elle est sur le point d'être achevée... — Mais quand pourrons-nous en avoir ? — Ce n'est plus qu'une affaire de jours, ou tout au plus de semaines. — Mais comment sera-t-elle ? — Magnifique, à peu près comme sur l'image, avec la différence qu'il y a entre une statue et une image. — Y aura-t-il aussi les trois Personnes divines et les anges ? — Bien sûr. — Mais comment cela tiendra-t-il ? Ce n'est pas possible. — Le fabricant lui-même pensait que ce ne serait pas possible, mais grâce à un artiste, espagnol d'origine, ce qui n'était pas possible est devenu un fait accompli. — Mais les rayons lumineux ? — Oui, oui, tout y sera. Ce sera une statue unique en son genre, comme il n'en existe pas encore... Ce sera beau, très beau » (1). Le bon P. Jean-Baptiste était, comme on le voit, tout enthousiasmé de la statue,

---

(1) *Propagateur*, 1909, p. 190.

mais il dut l'attendre jusqu'au mois d'août de l'année 1909. Nos lecteurs la connaissent, tout au moins pour en avoir vu des reproductions ; elles l'expliquent mieux que nous ne saurions la décrire.

Que se proposait en tout cela l'apôtre zélé des Trois *Ave Maria*. Il n'avait qu'un but : répandre sa chère dévotion, et par elle faire honorer et aimer la Très Sainte Vierge, qui se plaisait à manifester, par des grâces sans cesse renouvelées, combien lui est agréable la pieuse pratique des trois *Ave*, en l'honneur de ses trois grands privilèges. Pour lui, pouvons-nous dire, il avait des joies d'enfant en contemplant ses images. Quand on lit les descriptions des nouveautés qu'il était heureux d'offrir à ses abonnés, on pourrait croire à un talent tout spécial pour la réclame. Non. Chez lui c'était persuasion et sincérité. Son goût artistique a pu quelquefois se trouver en défaut, tous ont pu et peuvent ne point partager son admiration naïve, mais nul n'a le droit de le soupçonner d'avoir voulu faire des affaires. Ou plutôt il n'en faisait qu'une, et elle était toute surnaturelle, car nous venons de le dire, il n'avait d'autres désirs que de faire aimer sa bonne Mère.

Notre-Dame des Trois « Ave Maria ».

Dans les pages qui précèdent, le nom de *Notre-Dame des Trois Ave Maria* est venu lui-même au bout de notre plume. Quelle en est l'origine ? — Nous avons vu le P. Jean-Baptiste se défendre d'avoir rien inventé au sujet des images symbolisant la pieuse pratique en l'honneur des trois grands privilèges de Marie. Il se contentait de recueillir ce qu'il trouvait au cours de ses lectures et de ses études; il méditait les pensées qu'elles lui suggéraient et cherchait à les faire traduire par la main des artistes. Il en fut de même pour le nom de *Notre-Dame des Trois Ave Maria.* Il n'est pas de son invention et lui-même ne l'a employé qu'après l'avoir lu à maintes reprises dans les lettres qu'il recevait. C'est la piété des fidèles qui l'a donné à la Vierge Puissante, Sage et Miséricordieuse, et il leur a été dicté par la reconnaissance.

Nous avons étudié ce point avec une attention toute spéciale, nous avons lu et relu les pages du *Propagateur*, et voici ce que nous y avons constaté. La revue est née avec l'année 1902 : jusqu'à l'année 1904, le Directeur n'emploie pas une seule fois le vocable de *Notre-Dame des Trois Ave Maria.* Quand il annonce les images et les médailles, ce sont simplement : les images des Trois *Ave Maria*, les médailles des Trois *Ave Maria* Il lui a fallu deux ans avant de faire usage de ce nom donné à la Très Sainte Vierge, que cependant il lisait très fréquemment depuis un an dans les lettres d'actions de grâces qu'il recevait. Ce fut d'abord : la *Vierge des Trois Ave Maria*, puis, mais plus rarement, *Notre-Dame des Trois Ave Maria.*

Quand il commença à se servir de ce vocable, il était donc déjà en usage; usage certes qui ne pouvait lui être que très agréable et qu'il fut heureux d'adopter. Plus heureux fut-il encore quand il le vit sanctionner par S. G. Monseigneur Mélisson, évêque de Blois, qui, quelques semaines après son installation, accordait quarante jours d'indulgences à l'invocation : *Notre Dame des Trois Ave Maria, priez pour nous.*

Notre-Dame des Trois Ave Maria est donc un vocable de plus que la piété des fidèles a ajouté aux cent autres, sous lesquels, au cours des siècles, elle a aimé invoquer Marie. Nous savons bien que quelques-uns le trouvent étrange ; mais que peuvent-ils lui opposer de sérieux ? — Il est nouveau, disent-ils. — Tous l'ont été un jour. Déjà il ne l'est plus, puisqu'il compte des années d'existence et qu'il a conquis droit de cité dans le monde entier, car aujourd'hui dans toutes les langues et sous tous les cieux, cette invocation monte vers le trône de la Vierge : *Notre-Dame des Trois Ave Maria*, priez pour nous, ce qui, à Rome même, a été traduit : *Domina nostra a tribus Ave Maria, ora pro nobis.*

CHAPITRE DOUZIÈME

ENCOURAGEMENTS ET APPROBATIONS

Les Congrès Marials.

Pourquoi se décourager ?

Comme toutes les œuvres inspirées par l'esprit de Dieu, celle à laquelle le P. Jean-Baptiste avait consacré son activité devait connaître les contradictions, et surmonter les obstacles. On ne la comprenait pas toujours, et tous n'étaient pas sans quelque défiance vis-à-vis de l'ouvrier. Ces contradictions, les premières surtout, étaient fort sensibles à l'apôtre des Trois *Ave Maria*, mais nous avons vu comment il avait réponse à toutes les objections. Il travaillait pour la gloire de Marie, et il savait qu'elle avait triomphé d'obstacles autrement sérieux. La sainte Eglise ne nous dit-elle pas de la Très Sainte Vierge qu'elle a porté le coup mortel à toutes les hérésies. Celle qui a écrasé la tête du serpent infernal n'a rien à redouter d'un obscur vermisseau.

Pour les secondes, son amour-propre avait à en souffrir, mais il savait le faire taire. Il reconnaissait humblement ce qui lui manquait ; nous l'avons entendu confesser son indignité, qui n'avait pas empêché la Madone de le choisir pour propager cette dévotion. C'est dans cette conscience de son insuffisance qu'il puisait toute sa force. Plus il se sentait incapable, mieux il voyait la main de sa bonne Mère dans les résultats inespérés de sa propagande. Par ailleurs, il était doué de cette ténacité nécessaire pour réussir en toute entreprise, et il n'était pas de ceux qui se découragent à la première traverse. Et pourquoi se serait-il découragé ?

Le P. Marie-Antoine.

Si tous ne le comprenaient pas, beaucoup l'approuvaient et lui envoyaient les plus précieux encouragements. Un des premiers, et il lui fut d'un grand réconfort, lui était venu du célèbre P. Marie-Antoine. Dès le commencement de sa propagande, en janvier 1901, ce saint religieux, tout dévoué au culte de l'Immaculée, lui écrivait : « Vous ne remercierez jamais assez notre bonne Mère du ciel de vous avoir choisi pour apôtre de l'*Ave Maria*. Il y a presque de quoi rendre jaloux l'Archange Gabriel. Et sachez bien que votre rôle trois fois angélique n'est pas fini, il n'est que commencé. L'*Ave Maria* a commencé le salut du monde, il faut qu'il le consomme. Dites-le bien haut et faites-le retentir jusqu'aux extrémités du monde. Dites-le bien à ce pauvre monde, qui se débat dans les angoisses d'un travail mystérieux, qui, grâce à l'*Ave Maria*, sera celui de la résurrection. Oui, grâce aux trois *Ave Maria*, dont Léon XIII, inspiré par Marie, fait suivre le grand

Sacrifice, bientôt toutes les nations de la terre proclameront Jésus-Christ leur Roi ! et, grâce à sa Mère, ne formeront qu'un chœur et qu'une voix pour dire ensemble dans un immense concert, qui ne fera qu'un avec celui du ciel, *Benedictus fructus ventris tui Jesus !* Ce sera le *consummatum est* de l'Eglise militante, quand après avoir rempli sa mission sur la terre, elle passera de la croix au paradis. Oh ! le beau triomphe ! Après que tous ses enfants, sortant de leurs tombeaux, auront participé à la résurrection du Christ, ils monteront comme Lui et avec Lui au ciel, pour participer à sa gloire. N'est-ce pas, cher Père, qu'elle est grande et belle la place de l'*Ave Maria* dans le plan divin ? N'avais-je pas raison de vous dire de bien remercier Marie de vous avoir choisi pour en être l'apôtre » (1).

Les évêques de Blois.

Comment hésiter après une si chaleureuse approbation ? Le P. Jean-Baptiste attachait cependant plus d'importance à celles qui lui venaient de l'autorité ecclésiastique. C'est appuyé sur elle qu'il entendait marcher dans la voie qui s'ouvrait devant lui. Aussi avait-il été particulièrement touché de la bienveillance avec laquelle Mgr Laborde, évêque de Blois, accueillait sa première demande, quand il sollicita l'*imprimatur* pour la publication du Bref de février 1900. Non seulement Sa Grandeur accordait l'autorisation requise, mais y ajoutait l'expression de ses vœux pour que la pieuse pratique

---

(1) *Propagateur*, n° 2, février 1902. Cette lettre et d'autres du P. Marie-Antoine se retrouvent dans le *Manuel*.

des Trois *Ave Maria* se répandît de plus en plus parmi les fidèles.

Au lendemain de la mort du prélat, le P. Jean-Baptiste lui rendit ce témoignage reconnaissant : « Ainsi que nos lecteurs ont pu s'en convaincre, il fut toujours le protecteur de notre œuvre de propagande. Avec la bonté qui le caractérisait, il nous donna les autorisations nécessaires pour nos diverses publications, et il ajouta même des faveurs particulières, en accordant les indulgences dont il pouvait disposer, à la *Neuvaine efficace des Trois Ave Maria,* d'abord une indulgence de 40 jours, puis, récemment encore, une indulgence de 5o jours. Aussi sa mémoire est-elle inséparable de la fondation de notre Œuvre, et nous pouvons dire que si, par sa protection, il lui a assuré la vie, les feuilles des Trois *Ave Maria,* répandues par millions, ont fait connaître son nom dans le monde entier et le feront passer à l'immortalité. Nous avons la confiance que la Mère toute miséricordieuse, qu'il a tant contribué à faire connaître et invoquer par les Trois *Ave Maria,* lui a déjà obtenu la grande récompense, promise au fidèle serviteur » (1).

Dès sa nomination au siège épiscopal de Blois, Mgr Mélisson répondait au P. Jean-Baptiste, qui lui avait écrit pour recommander l'œuvre à sa bienveillance : « Je m'associe très volontiers aux sentiments de Mgr Laborde, de vénérée mémoire, et à ses dispositions bienveillantes à l'égard de la dévotion des Trois *Ave Maria.* Cette dévotion ne peut être que grandement

____

(1) *Propagateur* de juin 1907, p. 166. Mgr Laborde était mort le 18 mai précédent.

profitable à ceux qui la pratiquent. Aussi je désire de tout cœur qu'elle se répande partout et produise dans les âmes des fruits abondants de sanctification » (1). Quand il eut pris possession de son église, le nouveau pontife multiplia les témoignages de cette bienveillance (2), dont les heureux effets se continuent, ainsi que nous aurons occasion de le constater dans la suite.

Les Souverains Pontifes.

Une plus haute approbation lui était venue déjà, lorsqu'en 1902, le Pape Léon XIII bénissait les œuvres établies pour propager la dévotion des Trois *Ave Maria* (3). L'année suivante Sa Sainteté Pie X, à peine monté sur le siège de saint Pierre, accordait la Bénédiction Apostolique au P. Jean-Baptiste et à tous ceux qui observent la pieuse pratique des Trois *Ave Maria* (4).

A la veille des fêtes jubilaires de la Définition du dogme de l'Immaculée-Conception, en 1904, le même Souverain Pontife accordait une indulgence de 300 jours à la récitation quotidienne des Trois *Ave Maria,* par un Bref du 5 décembre. Bien que la petite formule à ajouter aux *Ave* soit un peu différente de celle que recommandait le P. Jean-Baptiste, nous croyons qu'une supplique, qu'il avait présentée dans ce même but, n'avait pas été étrangère à la concession de cette nouvelle faveur (5).

---

(1) *Propagateur* d'octobre, 1907, p. 322.
(2) *Propagateur* de février 1908, p. 32
(3) *Propagateur* d'avril 1902.
(4) *Propagateur* d'octobre 1903, p. 201.
(5) *Propagateur* de février 1905, p. 33.

Au commencement de 1907, le Révérendissime Père Lepidi, Maître du Sacré Palais Apostolique, théologien officiel du Souverain Pontife, chargé de la revision et de l'approbation de tout ce qui s'imprime à Rome, approuvait la petite feuille du *Ciel ouvert*. La *Neuvaine efficace* recevait la même haute approbation romaine en 1910.

L'évêque d'Aoste.

L'archevêque de Rennes, les évêques d'Angers, de Carcassonne, de Limoges, du Mans, de Moulins, de Périgueux, de Troyes, sans parler des autres qui suivirent, l'enrichirent des indulgences en leur pouvoir.

Il serait difficile de mentionner tous les évêques de France et de l'étranger, du monde entier, qui ont béni la propagande de l'Œuvre et l'ont recommandée aux fidèles confiés à leur sollicitude. Il en est un, toutefois, qui a droit à une mention spéciale. Nous voulons parler de Mgr Tasso, évêque d'Aoste, en Piémont, dont la mort est survenue (24 août 1919) dans les jours où nous écrivions ces pages. Dans son premier mandement, en 1908, ce pieux prélat recommandait, entre autres pratiques de piété, celle des Trois *Ave Maria,* qu'enfant il avait apprise du Vénérable Dom Bosco. L'année suivante, il avait l'occasion de faire la connaissance du P. Jean-Baptiste, qui s'était rendu au Congrès Marial tenu à Aoste, au mois de septembre 1909. Notre apôtre y avait lu un rapport sur sa chère pratique et, depuis lors, une pieuse amitié unissait l'évêque et le capucin. Dans ses visites pastorales, Mgr Tasso insistait sur cette dévotion, il y revenait fréquemment dans ses lettres. Une des premières statues de Notre-Dame des Trois *Ave Maria* était placée dans sa cathédrale et il fut un des premiers à ériger la Confrérie. Quand il apprit la mort du Père, il se déclarait « profondément attristé » par cette nouvelle (1).

A Lyon.

A côté de ces approbations, que, dans un certain sens, nous pouvons dire privées, le P. Jean-Baptiste en reçut encore de nombreuses, que nous appellerons publiques et solennelles, dans tous les *Congrès Marials* auxquels il lui fût donné de prendre part, ou d'être représenté par quelque zélateur de la pieuse pratique.

C'est, on se le rappelle, au Congrès Marial de Lyon que le P. Jean-Baptiste avait inauguré sa mission publique d'apôtre des Trois *Ave Maria*. Le succès avait répondu à son espérance et cette assemblée faisait sien le vœu qu'il lui proposait : « Que tous les prêtres, confesseurs et prédicateurs, recommandent à l'envi la pratique des Trois *Ave Maria* aux fidèles de tout âge et de toute condition, qu'ils sont chargés d'instruire et de diriger, suivant le conseil pressant de saint Léonard de Port-Maurice et de saint Alphonse de Liguori, conseil que ces deux grands saints donnent encore aux parents relativement à leurs enfants ». La Reine du ciel bénissait ouvertement le zèle de son serviteur, *Mariæ servus*. Quand il avait choisi ce titre, il ne pouvait prévoir ce que la Très

____

(1) Nous ne pouvons citer tous les passages du *Propagateur* où se rencontre le nom de Mgr d'Aoste. Voir en particulier aux années 1909, p. 289; 1910, pp. 165, 284 ; 1917, p. 95 ; 1918, p. 271 ; 1919, p. 307.

Sainte Vierge lui demanderait pour son service. Entré dans cette voie, il la poursuivit jusqu'au bout de sa course et les Congrès Marials n'eurent pas de plus fidèle adhérent que notre héros.

A Fribourg.

A Lyon, il avait été réglé que ces grandes assemblées internationales se tiendraient tous les deux ans. La suivante eut donc lieu au mois d'août 1902. La ville de Fribourg, en Suisse, avait été choisie pour être le lieu de réunion. Les résultats obtenus à Lyon, l'extension merveilleuse que prenait la dévotion des Trois *Ave Maria* lui faisaient un devoir de s'y rendre ; d'ailleurs celle-ci avait déjà obtenu une place à l'Exposition Mariale, organisée à cette occasion. Elle y était représentée par un tableau, dû à l'inspiration de celle que nous avons nommée avec lui la première grande zélatrice des Trois *Ave Maria,* sœur Estelle. Il représentait les trois fêtes des Trois *Ave :* l'Immaculée Conception, l'Annonciation et l'Assomption. On y voyait aussi des dessins de l'abbé Gatellier, les images dont nous avons parlé, et des motifs de décoration destinés au *Propagateur.* Toutes ses publications y figuraient également et cet ensemble, très important déjà, attirait l'attention des visiteurs sur la dévotion des Trois *Ave Maria,* que beaucoup ignoraient encore. Pour la faire connaître il avait préparé un rapport sur sa *Convenance et son Universalité.*

« Toutes les dévotions, disait-il, approuvées par l'Eglise, en l'honneur de la Très Sainte Vierge, sont bonnes et capables d'attirer sa protection pendant la vie et à l'heure de la mort, pourvu qu'on s'en acquitte avec persévérance ». Puis il faisait voir comment, « par sa nature, cette salutaire pratique convient à tous les peuples et à tous les temps. Elle s'adapte merveilleusement à nos pays, si peu chrétiens et à notre époque de relâchement universel ». Il ajoutait plus loin : « Les Trois *Ave Maria,* bien récités, peuvent remédier à tous nos maux et subvenir à nos besoins spirituels et temporels ; de ce chef, ils sont donc une dévotion universelle. Cette dévotion est encore universelle, en ce qu'elle convient à toutes sortes de personnes, aux hommes et aux femmes, aux enfants et aux vieillards, aux dévots et aux pécheurs. Ceux qui sont retirés dans les cloîtres, comme ceux qui vivent au milieu du monde, et plus encore ceux qui vivent dans les camps ou à la caserne, y trouveront également force et consolation ». Il concluait : « On peut donc dire, sans exagération, que les Trois *Ave Maria,* universellement et pieusement récités, affaibliraient le règne du péché, contribueraient à hâter celui de la justice, d'où dépendent la grandeur et la prospérité des états ». Enfin il terminait en proposant ce vœu urgent : « Que tous les fidèles adoptent une dévotion si opportune et que tous les prêtres en deviennent les fervents propagateurs ». Ce vœu fut admis par toute l'assemblée, ratifié par le Comité du Congrès et proclamé dans les trois langues, française, allemande et italienne, devant une nombreuse assistance.

Un autre rapport ayant pour titre la *Bonté miséricordieuse de Marie et les Trois Ave Maria,* présenté par

Sœur Estelle, avait été pareillement accueilli avec des applaudissements et des éloges.

Le Congrès de Rome.

L'année 1904 apportait avec elle le cinquantième anniversaire de la proclamation du dogme de l'Immaculée Conception, que Rome se préparait à célébrer solennellement. La Ville éternelle était donc toute désignée pour être le siège du Congrès Marial. Le P. Jean-Baptiste avait caressé l'espoir d'y prendre part et il avait adressé à la Commission préparatoire un rapport qu'il intitulait : *Les Trois « Ave Maria », dévotion catholique.* « Catholique, disait-il, dans tous les sens du mot et à tous les points de vue » ; ou, comme il a écrit ailleurs, « par sa nature, par les grandes vérités qu'elle rappelle et par son universalité » (1).

Le P. Jean-Baptiste aimait ces titres à effet, sensationnels, pour parler avec lui. S'ils lui réussissaient dans certains milieux, ils lui nuisaient dans d'autres, à Rome en particulier, où l'on ne se paie pas de mots. Il aurait dû se souvenir de ce qui lui était arrivé pour le feuillet du *Ciel assuré.* Faute d'y avoir songé, il se vit exclu du Congrès, sans que jamais il en ait compris le motif ; autrement, il n'aurait pas porté sur cette assemblée le jugement dépourvu de bienveillance que nous regrettons de rencontrer sous sa plume. L'amour de la vérité nous fait un devoir de redresser ce jugement. Il écrivait en effet avoir appris « que quelques membres du Comité d'examen s'étaient montrés plutòt hostiles à la diffusion

---

(1) *Manuel,* p. 192.

des Trois *Ave Maria,* ils craignaient, sans doute, que cela portât préjudice aux autres dévotions catholiques qu'ils prônaient de préférence ». Nous ignorons par qui il avait appris ce motif supposé de la non acceptation de son rapport ; ce que nous avons su alors, et de la bouche même du théologien chargé de l'examiner, lequel n'était nullement hostile à la diffusion de la pieuse pratique, c'est qu'il avait été offusqué rien que par le titre, qui semblait vouloir attribuer à cette dévotion des prérogatives qui appartiennent également à d'autres. La rencontre de phrases comme celle-ci : « Dans son extrême simplicité, elle (la pratique des Trois *Ave Maria*) contient en abrégé tout le dogme et la morale », n'était point pour faire cesser ses préventions. Sans condamner la thèse du P. Jean-Baptiste, il la trouvait mal exposée, et comme le Comité devait faire un choix dans les nombreux rapports qui lui avaient été adressés, celui du Père fut éliminé. C'est là la seule et unique cause pour laquelle il ne fut pas invité à en donner lecture. Le secrétaire, en lui faisant part de cette sentence, sans lui en donner le motif, ajoutait : « Le Comité loue votre zèle et il souhaite que votre dévouement à votre Œuvre produise des fruits abondants ».

A Einsiedeln.

Cet échec, s'il fut très sensible au P. Jean-Baptiste, parce qu'il croyait y voir une opposition à sa chère pratique, n'était cependant pas pour le décourager. Deux ans plus tard, en 1906, le Congrès Marial était convoqué dans l'antique sanctuaire de Notre-Dame-des-Ermites, à Einsiedeln, en Suisse. Il présenta deux rapports, qu'il eut la grande satisfaction de voir acceptés. Dans le premier, sur les *Trois Ave Maria et la vie chrétienne*, il disait : « La vraie vie chrétienne exige l'exemption du péché mortel et par suite la vie de la grâce. Pas de vie chrétienne en dehors de là ; c'est la désobéissance à la loi de Dieu et la mort de l'âme. » La pieuse pratique des Trois *Ave Maria*, ayant pour but la préservation du péché mortel, il va donc de soi qu'elle conduit à cette vie vraiment chrétienne. Le second rapport, sur les *Trois Ave Maria et la sainte communion*, était le corollaire du précédent. « Pas de vie chrétienne sans communion plus ou moins fréquente. La pieuse pratique fidèlement observée doit donc conduire nécessairement à la communion.»

Ils furent hautement loués et approuvés par les prêtres et les fidèles présents, avec le vœu qui les terminait : « Que tous les chrétiens adoptent cette dévotion et que les revues chrétiennes la recommandent à l'instar des grandes dévotions envers la Mère de Dieu ». D'autres rapporteurs, à sa grande joie, avaient recommandé la pieuse pratique dans leurs études. Il n'était plus seul à la prêcher.

A Saragosse.

Après la Suisse, ce fut la catholique Espagne qui était le théâtre de ces assises solennelles. Le Congrès de 1908 se réunit à Saragosse. Le Père s'y rendit avec un double rapport. L'un traitait *du ciel ouvert par la pratique des Trois Ave Maria d'après la théologie ;* l'autre *de la dévotion aux Trois Ave Maria dans la vie des Saints.* Ils se terminaient par des vœux, « qui furent acceptés aux applaudissements des prêtres et des fidèles présents, après une chaleureuse recommandation de l'évêque présidant la séance » ; ils tendaient à faire accepter par tous la salutaire dévotion et à la faire propager.

A Reims.

En 1909, un Congrès dit de la Presse Mariale se tenait à Reims, au mois d'octobre. Comme son nom l'indique, ce n'était pas un congrès ouvert au grand public. Y étaient seulement invités les directeurs des Revues Mariales ou des Œuvres consacrées à propager la dévotion à la Reine du ciel. Le P. Jean-Baptiste eut la satisfaction de voir les Trois *Ave Maria* « mentionnés spécialement et justement dans la liste des dévotions populaires à recommander aux pieux fidèles, de même que l'usage des scapulaires, médailles, neuvaines et autres pratiques explicitement approuvées par l'autorité ecclésiastique ». Petit à petit, son apostolat portait des fruits, et, pour le rendre plus fécond il déclarait vouloir s'inspirer des « sages décisions prises en commun, uniquement en vue de la gloire de Dieu et de la Très Sainte Vierge et pour le plus grand bien des âmes ».

A Salzbourg.

La grande réunion internationale suivante avait été fixée à Salzbourg, en Autriche, au mois de juillet 1910. Le P. Jean-Baptiste avait été convié à s'y rendre, ce à quoi il ne manqua pas. Son rapport avait pour sujet *les Trois Ave Maria, dévotion populaire*, et il se terminait par ce vœu : « Que dans tous les pays catholiques, quelque soit leur nationalité, on recommande instamment en chaire et au confessionnal, la salutaire dévotion des *Trois Ave Maria*, aux fidèles de tout âge et de toute condition ». Il fut applaudi et approuvé à l'unanimité des assistants. Dans le compte-rendu de son voyage, notre Congressiste parle de toute « une série de désagréments » qui accompagnèrent son retour, et qu'il met sur le compte du diable, jaloux des résultats de sa propagande (1). Il est fâcheux qu'il ne nous en ait pas dit plus, ne serait-ce que pour mettre un peu de variété dans ces pages.

Au Puy.

La même année un Congrès moins solennel se réunissait au Puy, à l'occasion du cinquantenaire de l'érection de la colossale statue de Notre-Dame-de-France sur le sommet du pic Corneille, qui domine la ville et toute la région. Le P. Jean-Baptiste y lisait un rapport sur *le Salut de la France par les Trois Ave Maria*. Il eut pour résultat la proclamation de ce vœu résumé : « Que la pratique des Trois *Ave Maria* se propage de plus en plus ».

A Trèves.

Le sixième Congrès international, qui devait être le dernier, était celui de Trèves, en Allemagne, au mois d'août 1913. Nous y voyons encore notre intrépide apôtre avec deux rapports. Le premier porte ce titre : *La Royauté universelle de Marie et les Trois Ave Maria.*

---

(1) *Propagateur* de septembre 1910, p. 259.

En le terminant il exprimait ce vœu : « Que dans tous les pays catholiques s'établisse un centre de propagande, pour faire honorer par tous les fidèles la Reine du Ciel et de la terre, au moyen de la pratique si bien appropriée des Trois *Ave Maria* ». Le second rapport était plutôt un aperçu sur l'œuvre de propagande, qu'il poursuivait depuis dix ans avec succès. Il avait pour conclusion un vœu « en faveur de l'établissement de l'Archiconfrérie des Trois *Ave Maria* ».

A Lourdes.

L'idée de l'Archiconfrérie était lancée, nous dirons plus loin comment elle suivit son chemin ; pour le moment contentons-nous de suivre le P. Jean-Baptiste au Congrès eucharistique de Lourdes. Il n'y présenta aucun rapport, mais il profita de l'occasion pour faire une vaste propagande d'un *Appel au clergé et aux fidèles*, ayant pour titre : *Les Trois Ave Maria en l'honneur de la Vierge Immaculée et la communion fréquente*. Plus de sept mille exemplaires de ces pages furent distribués aux prêtres et aux fidèles, et tous lui firent le meilleur accueil. A Lourdes, le Père n'était pas un étranger. Presque chaque année, il s'y rendait, à l'époque des grands pèlerinages, et répandait à profusion ses petites feuilles du *Ciel ouvert* et les autres. Il s'était fait le Colporteur de la Madone ou si l'on aime mieux le Camelot de la Reine du ciel. Il ne se mettait jamais en route sans emporter un ballot de propagande, et il disait qu'à Lourdes, en particulier, les Trois *Ave Maria* étaient « sur leur terrain propre et comme chez eux ».

Un incident.

Une fois cependant il lui arriva un petit incident désagréable, que nous a raconté un témoin. Un règlement général interdit toute collecte et, par suite, toute distribution de propagande, dans l'enceinte de la Grotte miraculeuse. Le P. Jean-Baptiste l'ignorait ou pensait que sa distribution, purement gratuite, ne tombait pas sous cette défense. Il s'était donc installé près de l'entrée de cette enceinte réservée et donnait à tous les passants ses petites feuilles. Un confrère qui le vit là, l'avertit charitablement de la défense. A regret, il sortit du terrain défendu, mais pour y revenir bientôt. Cette fois ce fut un gardien, qui faisant sa ronde, le trouva entouré d'un groupe de pèlerins, auxquels il offrait ses petites feuilles. Nouvel avis d'avoir à sortir de l'enceinte. Il aurait voulu parlementer, prouver que son cas n'était point de ceux que vise le règlement. C'était peine perdue, le brave gardien ne connaissait que sa consigne et le sommait de s'éloigner s'il ne voulait voir appeler le commissaire de police ! Pour ce jour-là il renonça à sa propagande, se disant probablement que la Sainte Vierge jugeait qu'elle était suffisante.

Le Congrès eucharistique de Lourdes était à peine achevé, ceux qui y avaient pris part n'étaient pas encore rentrés chez eux, que le canon tonnait à la frontière... La guerre mondiale était déclarée. Elle put ralentir l'œuvre de propagande internationale, elle n'arriva pas à l'interrompre. Approuvée par toutes les autorités ecclésiastiques, Papes, Cardinaux, Archevêques et Evêques, acclamée dans tant de Congrès, elle était évidemment bénie et voulue par la Très Sainte Vierge.

Les différents Rapports que nous avons dit, ont été réunis dans la brochure intitulée Fleurs de doctrine des Trois Ave Maria. *Blois, 1922.*

CHAPITRE TREIZIÈME

L'APOTRE DES ENFANTS ET LE "PETIT PROPAGATEUR„

DANS tout ce qui précède, nous avons omis à dessein de parler du *Petit Propagateur,* que le pieux évêque d'Aoste, Mgr Tasso, nommait fort grâcieusement, le *Propagateur des Petits.* Nous nous réservions de consacrer un chapître spécial à l'apostolat que le P. Jean-Baptiste exerça auprès des enfants. Il avait débuté dans ce ministère, n'étant encore que séminariste, auprès de son plus jeune frère, ainsi que nous le racontait simplement celui-ci. Il lui apprenait en effet non seulement à réciter les prières ordinaires, mais à former lui-même de courtes invocations, à laisser parler son cœur.

Son amour pour les enfants.

Il aima toujours les enfants, pour lesquels il confessait avoir eu de tout temps « un faible prononcé ». Dans sa vie de missionnaire, les moments les plus heureux étaient ceux qu'il passait au milieu d'eux. De tous les exercices de mission, celui qu'il préférait était la retraite des enfants, et la réussite de leur fête était un de ses soucis. Comme les autres prédicateurs, quand ils s'adressent aux petits, il avait pour les intéresser bon nombre d'histoires pieuses, il savait parler leur langage, se mettre à leur portée. Ses sermons aux enfants étaient préparés avec le même soin que les autres, et ce que nous avons dit à ce sujet, nous dispense d'y revenir.

Les deux maîtres.

Un trait, qu'on nous a raconté, fait voir que ses jeunes auditeurs le suivaient et le comprenaient. C'était dans une paroisse du diocèse de Cambrai, au soir de la première Communion, avant la rénovation des vœux du baptême. Il faisait voir à ceux qu'il avait préparés à cet acte important, d'un côté notre divin Sauveur avec sa croix, leur présentant son Evangile et ses préceptes et leur promettant son beau ciel ; de l'autre côté, il leur montrait le démon, leur offrant ses plaisirs trompeurs et passagers, qui conduisent à l'enfer. « Lequel de ces deux maîtres voulez-vous suivre, leur demandait-il, auquel voulez-vous appartenir ? » Il n'avait pas fini cette demande, qu'un petit bonhomme, la prenant comme pour lui, se levait et répondait d'une voix forte : « A Jésus-Christ ! » Il a tenu parole, sommes-nous heureux d'ajouter, car il ne tarda pas à entrer à l'Ecole Séraphique, puis au noviciat ; et nos lecteurs ont vu plusieurs fois sa signature dans le *Propagateur,* où il aime à chanter sa Bonne Mère du Ciel.

C'est aux enfants d'abord que le P. Jean-Baptiste prêcha les Trois *Ave Maria* avec le plus d'insistance ; c'est à eux qu'il apprenait à y ajouter la petite invocation de saint Alphonse, qu'il ne recommandait encore que timidement aux grandes personnes. Les préserver du péché mortel, en les mettant sous la puissante sauvegarde de Marie, voilà ce qu'il rêvait pour eux, ce qu'ambitionnait son zèle apostolique.

Les petits chinois de Calais.

Autant il était heureux quand il rencontrait de ces âmes innocentes, autant il souffrait lorsqu'il se trouvait en présence de pauvres cœurs d'enfant déjà gangrenés par le vice. Aussi accepta-t-il, avec empressement, de faire le catéchisme aux petits voyous du quartier, où avait été établi le couvent de Calais, qui fut le premier théâtre de son zèle. A cette époque, il était en dehors des habitations, sur la route de Saint-Omer, à l'extrémité d'un faubourg populeux, loin de l'église et dénommé la *Nouvelle France,* ou, avec plus de vérité, la *Petite Chine.* L'ignorance religieuse des enfants et l'abandon dans lequel ils vivaient ne pouvaient que favoriser l'éclosion de tous les vices. Nos religieux se résolurent donc à évangéliser leurs petits voisins, et le P. Jean-Baptiste fut chargé de faire le catéchisme aux enfants des écoles qui, de bonne volonté, viendraient au couvent le jeudi et le dimanche. Etabli le samedi 10 août 1889, ce catéchisme prit une forme régulière le jour de l'Assomption, écrivait-il dans son *Journal de prédications.* « Ce jour-là, continue-t-il, ayant demandé quelle fête on célébrait, sur soixante enfants environ qui étaient là, personne ne le savait ». Ils étaient trop jeunes pour avoir connu la fête de l'Empereur, et ils ignoraient que ce fut une fête de la Très Sainte Vierge. Ils ne savaient pas davantage ce que signifiait ce nom de la Sainte Vierge. Un seul lui fit une réponse trop saugrenue pour que nous la reproduisions ici.

Catéchisme difficile.

On voit quelle besogne avait entreprise le P. Jean-Baptiste. Néanmoins, au mois de novembre, il acceptait encore de se charger d'un catéchisme de persévérance, pour ceux qui avaient fait leur première communion. Il ne dura guère que six mois. Pour le premier, il se continua plus longtemps, sans que nous puissions rien préciser. Les fréquentes absences, que causaient ses prédications au dehors, ne lui permettaient pas de se consacrer à cette œuvre, comme il l'aurait désiré ; d'autres religieux le suppléaient, mais au témoignage de tous, aucun n'y apportait le même dévouement. « Il y avait du mérite à s'occuper de ces pauvres enfants abandonnés, nous écrit-on, et le bon Père leur était tout dévoué. Pour les attirer, il trouvait le moyen de leur venir en aide, par quelque paire de sabots, ou autre objet de première nécessité, car beaucoup manquaient de l'indispensable. Un jour, un de ses protégés se présenta au catéchisme ayant pour seul et unique vêtement une vieille veste de son père. Pourquoi faut-il ajouter que souvent, après avoir mérité quelque largesse de ce genre, par son assiduité au catéchisme, l'un ou l'autre de ces petits vagabonds ne se faisait plus voir jusqu'à un nouveau besoin ».

Sa bête noire.

L'ignorance religieuse dans laquelle grandissent tant d'enfants de France, par suite de la laïcisation de l'enseignement officiel, causait une vive douleur à son cœur d'apôtre. « Le mal est à l'école » écrira-t-il plus tard dans le *Propagateur* (1). Qu'on nous permette cette expression, l'école neutre était sa *bête noire*, et il aurait voulu pouvoir arracher les âmes innocentes aux griffes de ce monstre. Que de fois est-il revenu sur ce sujet, mettant les parents en garde contre cette prétendue neutralité, qui n'est qu'un athéisme déguisé, quand il n'arrive pas à une hostilité manifeste. Il demandait que l'on priât beaucoup pour l'enseignement religieux et les écoles libres.

Quand les Congrégations enseignantes étaient à la veille de voir leurs établissements fermés, il adressait à ses lecteurs un *Pressant appel.* « La persécution continue de plus en plus ses ravages. On se demande avec anxiété où elle va s'arrêter. Qu'on ne se fasse pas illusion, d'après les intentions de ses instigateurs, elle veut détruire jusqu'au dernier vestige du catholicisme ; aussi, elle s'attaque spécialement, en ce moment, à l'enseignement chrétien, qui est la base, l'espérance et la force de la Religion. Et soyons-en persuadés, nos ennemis ne s'arrêteront pas là ; leur but est non seulement d'arriver à la suppression du concordat, qui n'est qu'un moyen pour eux, mais de supprimer toute manifestation extérieure du culte, jusque dans les églises, pour aboutir après cela, à la suppression totale du christianisme

---

(1) *Propagateur* de 1909, p. 353.

lui-même. Voilà pourquoi nous supplions tous nos lecteurs, de plus en plus nombreux, de faire monter vers le ciel d'ardentes prières en faveur de l'Eglise et de la France. Communions, chemins de Croix, rosaires, sacrifices, ne négligeons rien : car le danger devient pressant. Faisons neuvaines sur neuvaines, sans nous décourager. Il faut toujours prier, et ne jamais cesser »(1).

Nécessité de l'éducation chrétienne.

S'il ne pouvait ramener les agneaux égarés, au moins aurait-il voulu préserver les autres, et, dans ce but, multipliait-il les instances aux parents, leur rappelant l'obligation de veiller sur l'âme de leurs enfants. « Malheureusement beaucoup de parents, même réputés chrétiens, ne veillent pas assez sur l'innocence de leurs enfants et ne leur inspirent pas une assez grande horreur du péché mortel. Combien de mères tiennent à leurs enfants le langage d'une Blanche de Castille à son fils, saint Louis : « Mon fils, vous savez combien je vous « aime, mais sachez que j'aimerais mieux vous voir mort « que coupable d'un seul péché mortel ? » Et pourtant, sans la vigilance des parents et sans la haine du péché mortel, inspirée de bonne heure aux enfants, cette fameuse innocence, dont ont parle tant, n'existera que le temps où les enfants n'auront pas l'usage de la raison. Et alors que vaudront leurs prières : si encore on a soin de les faire prier » (2).

____

(1) *Propagateur* de 1903, p. 139.
(2) *Propagateur* de 1904, p. 195.

Histoires de bêtes.

Il savait par ailleurs l'influence que les lectures exercent sur leur jeune imagination, aussi lui sembla-t-il qu'il devait faire quelque chose dans le but de leur en procurer, sans abandonner la propagande de la dévotion aux Trois *Ave Maria*, qui devait demeurer son œuvre principale. Laissons-le nous le dire, avec la pointe d'originalité, qui lui était coutumière. Dans un article intitulé *A propos de journaux et de revues*, il écrivait : « Pour ce qui est des revues enfantines, nous qui aimons beaucoup les enfants, que de fois nous avons été attristé par les revues qu'on met trop souvent entre leurs mains, *pour les amuser* ; nous osons dire, nous, *pour les embêter...* dans le sens littéral du mot, car on ne met ordinairement sous leurs yeux que des histoires de bêtes. Quelques-unes ont encore la prétention d'être morales ; mais vraiment il ne faudrait pas trop abuser de ces pauvres bêtes, dont la morale ne peut guère dépasser le terre-à-terre. Aussi la plupart de ces revues ne parlent-elles jamais de religion, ni des devoirs envers Dieu : les bêtes ne connaissent pas cela. C'est précisément pour réagir contre cette tendance neutre et areligieuse que nous avons fondé le *Petit Propagateur des Trois Ave Maria*. Prenant le contre-pied de la plupart de ces revues enfantines, nous excluons totalement tout récit ou toute leçon qui n'a pas un but directement religieux ou moral : tout est pour l'éducation intégrale et religieuse de l'enfant. Nous avons à cœur de faire de ces chers petits, non seulement des enfants honnêtes, mais encore et surtout des chrétiens, et non seulement des chrétiens ordinaires, mais autant que possible de vrais petits saints, en attendant, s'il plaît à Dieu et si eux-mêmes veulent s'en donner la peine, qu'ils deviennent de grands saints ou de grandes saintes ; tel est notre but et notre idéal » (1).

Le Petit Propagateur.

La fondation du *Petit Propagateur* remonte à l'année 1905. Au mois de juin, il en lançait l'idée. « Depuis longtemps déjà nous caressons la pensée de publier un *Petit Propagateur des Trois Ave Maria,* spécial pour les enfants de sept à quatorze ans, qui fréquentent les écoles. Pour la plupart d'entre eux, notre grand *Propagateur* est devenu trop volumineux et surtout trop sérieux. Il contient beaucoup de choses qui dépassent la portée de leur petite intelligence. Et puis, il y aurait tant de choses particulières à dire à ces chers enfants ! Sa Sainteté le Pape Pie X ne vient-il pas, tout récemment, de recommander avec instance de les instruire d'une façon particulière ? » A peine connu, ce projet reçut un accueil enthousiaste. « Tout le monde en veut de ce cher *Petit Propagateur,* même avant sa naissance. Que sera-ce quand il paraîtra gracieux et ravissant comme un petit chérubin, doux et fort comme un petit apôtre, car il veut prêcher dès son entrée en ce monde... Aussi on l'attend déjà avec impatience », écrivait-il dès le mois de juillet.

Son succès.

Le premier numéro parut avec octobre, pour la

______

(1) *Propagateur* de 1912, p. 274.

rentrée des classes, et au commencement de l'année suivante, 1906, le *Petit Propagateur* comptait déjà trois mille jeunes abonnés. Le chiffre avait doublé au bout de l'année. Le fondateur en aurait voulu beaucoup plus. « Que n'en avons-nous cent mille, disait-il plus tard, à l'instar de certaines revues religieuses enfantines d'un pays voisin, où les catholiques comprenent mieux leurs devoirs... Ce n'est nullement question d'intérêt pour nous, car quel intérêt matériel pouvons-nous avoir sur des abonnements à o fr. 60 centimes, et même à 5o centimes par an, avec tous les frais d'impression et de poste, sans compter le reste, dont on ne se doute pas ». La progression en effet ne se continua pas aussi rapide que nous l'avons admirée pour le grand *Propagateur*, et au moment de la mort du P. Jean-Baptiste le tirage n'était que de dix mille exemplaires.

Mais cela s'explique aisément. Le *Petit Propagateur* est destiné aux enfants de sept à quatorze ans. Quand ils atteignent cet âge, pour beaucoup même auparavant, quand ils quittent l'école, ils cessent leur abonnement. S'ils demeurent fidèles à la revue, ils vont grossir le nombre des abonnés au grand *Propagateur*. C'est donc déjà beaucoup de retrouver chaque année des remplaçants pour ceux qui ont atteint la limite d'âge. Les directrices d'écoles libres, qui furent les premières zélatrices du P. Jean-Baptiste, continuent à s'acquitter de leur rôle avec dévouement et c'est grâce à elles surtout que le *Propagateur des petits* a atteint ce développement.

Biographies d'enfants.

Pour celui-ci comme pour l'autre, il trouva des collaborateurs empressés, dont quelques-uns lui fournirent un article mensuel pendant plusieurs années consécutives ; cependant la part principale du travail lui restait quand même. Durant les premières années, ce que nous appellerons l'enseignement catéchistique occupait plus de place ; peu à peu il lui substitua des biographies édifiantes d'enfants, qu'il proposait comme modèles à ses lecteurs et lectrices. C'est ainsi qu'il écrivit pour celles-ci la charmante notice sur sa jeune nièce, Germaine Hémery, la petite pâquerette du Bon Dieu, qui, imprimée à part, eut un succès considérable et fut même traduite en allemand (1).

Il lui donna ensuite comme pendant, pour les petits garçons, jaloux, pensait-il, d'avoir eux aussi leur modèle, la biographie du jeune Henri Bernèche, autre petite fleur de paradis, éclose sur la terre chrétienne du Canada (2). Il faisait un égal accueil à d'autres notices du même genre qui lui étaient communiquées, car il pensait, et avec raison, que ces exemples vécus exercent une influence plus salutaire sur les jeunes âmes, que les plus belles considérations.

(1) *Une enfant modèle. Vie de Germaine Hémery, partie pour le ciel à l'âge de 14 ans et 9 mois,* par le Père Jean-Baptiste. Paris. Lille. Société Saint-Augustin, 1911. In-12 de 96 pages avec illustrations. Il y eut aussi une édition de propagande. *Une enfant modèle. Germaine Hémery, la « petite pâquerette du Bon Dieu ».* Blois. In-16. 64 p. avec illustrations. *Germana Hémery. Gestorben im Alter von 14 Jahren 9 Monaten. Ein Vorbild für die Jugend. Nach dem französischen original des P. Johann Baptist O. C. Deutsch bearbeitet von P. Hilarius v. Gott, aus Altötting, Kapuziner. Altötting,* 1912.

(2) *Un écolier modèle : Henri Bernèche, en religion Fr. Norbert de Marie, mort saintement à l'âge de 17 ans, novice des Frères des Écoles Chrétiennes.* Blois. In-16. 64 p. illustré.

Adresses au Pape.

A ses jeunes abonnés, qu'il appelait les « enfants de troupe de la grande armée de l'Église militante », il prêchait comme aux autres la *Croisade* pour le salut de la France, leur demandant des prières, mais aussi des sacrifices proportionnés à leur âge. Ils répondirent généreusement à son appel, car ils étaient dociles à sa voix. Nous en avons la preuve dans les *Adresses de remerciement au Pape,* qu'il fit signer par des milliers et des milliers d'enfants, à la suite du Décret du 8 août 1910, sur l'âge d'admission à la première communion. Cette idée, il le déclare lui même, lui avait été suggérée par un ancien confrère aveugle, « mais qui y voit clair dans les choses de Dieu ». Il la saisit avec empressement, comme il faisait toujours quand on lui faisait part de quelque bonne inspiration. Il rédigea une adresse, qu'il fit imprimer sur de grandes feuilles et envoya à tous ceux qui en firent la demande, pour y apposer leur signature. Dans le seul mois d'octobre, il en avait recueilli environ quinze mille, et les feuilles, reliées en un beau volume étaient envoyées à Rome. Un second album, renfermant autant de signatures d'enfants, suivait le premier au mois de décembre.

Ce double envoi fut reçu par son auguste destinataire « avec une particulière satisfaction », ainsi que l'écrivait le Cardinal secrétaire d'Etat au P. Jean-Baptiste, en le chargeant de remercier tous ces chers enfants de leur tendre et affectueux hommage, mais surtout de leurs prières. La joie du bon Père fut grande en recevant ces lettres, et elle se manifesta débordante dans la participation qu'il faisait à ses abonnés des remerciements du Pape et de la bénédiction Apostolique qui leur était accordée avec une paternelle affection (1).

Pour les petits comme pour les grands.

Il voulait faire pour ses petits abonnés tout ce qu'il faisait pour les grands. Avec 1907, il avait commencé la publication de l'*Almanach du Propagateur*. Les enfants avaient bien droit au leur ; il le leur donna en 1909. Le bon religieux, l'ancien pèlerin de Jérusalem, qui lui avait suggéré l'idée du *Chemin de Croix en union avec Marie,* dont nous aurons à parler, lui inspira également d'en composer un autre pour les enfants. Cette fois encore l'invitation correspondait trop bien à son zèle pour qu'il ne la saisit pas avec empressement, « dans l'espoir qu'il pourra faire un peu de bien à ces chers enfants que nous aimons tant » (2).

Oui, il les aimait bien ses chers petits lecteurs, et quoi-qu'ils ne fussent que la moindre portion de son trou-peau, elle n'était pas la moins chère à son cœur. Combien d'âmes innocentes a-t-il préservées, en les mettant sous la puissante protection de Marie, invoquée matin et soir par les Trois *Ave Maria ?* Combien devront leur persévérance à son zèle ? — Dieu seul les a comptées et les comptera. Il suffit, puisque c'est Lui qui donne la récompense. Pour nous, nous aimons à croire que celle du Père Jean-Baptiste est magnifique et digne d'envie.

---

(1) *Propagateur* de 1911, pages 3 et 65.

(2) *Chemin de Croix des Petits Enfants, en vue de les disposer à une digne et fréquente réception des Sacrements de Pénitence et d'Eucharis-tie, par un ancien Missionnaire, 1913.* In-32, 20 pages.

CHAPITRE QUATORZIÈME

LE PÈRE JEAN-BAPTISTE
ET LES
ÉVÉNEMENTS CONTEMPORAINS

Son amour pour la France.

QUAND nous avons dit ce que l'on trouve au *Propagateur*, nous avons omis, et à dessein, de mentionner les articles et entrefilets qui se rapportent aux événements du jour. En premier lieu, il convient de signaler les nombreuses pages qui, sous le titre de *Croisade*, figurent dans chaque numéro, depuis le commencement de l'année 1904. Le JEAN L'ERMITE, qui les signait, était, on le sait déjà, notre P. Jean-Baptiste. Il suivait d'un œil attentif et le cœur attristé les diverses phases de la persécution religieuse, qui accumulait ruines sur ruines dans notre chère patrie. C'est qu'il l'aimait profondément notre France, au passé glorieux, dont la chevaleresque épée avait écrit les *Gestes de Dieu* dans l'histoire des siècles. Avec douleur, il voyait la Fille aînée de l'Eglise se révolter officiellement contre sa Mère, pour se proclamer la fille de cette odieuse marâtre qui porte le nom si peu glorieux de Révolution.

Il ne craignait point de dire tout haut ce que d'autres se contentaient de penser tout bas, et cherchaient trop souvent à se dissimuler à eux-mêmes. Il aurait voulu voir la France reprendre son rang historique à la tête des nations, et pour cela il était convaincu qu'elle devait redevenir officiellement chrétienne. Il la voyait, au contraire, entraînée par une poignée de sectaires au service de la Franc-maçonnerie, que l'insouciance et la mollesse des honnêtes gens a laissés s'emparer du pouvoir.

Pessimisme et optimisme.

Comme il aurait voulu que sa voix fut assez puissante pour les arracher à leur torpeur, assez éloquente pour les tenir en éveil, assez persuasive pour les amener à l'action, à la défense de leurs droits, foulés au pieds par des sectaires hypocrites, avant de se montrer cyniquement au plein jour comme les ennemis de Dieu et, partant, de tout ce qui est honnête. Ne pouvant faire plus, il se borna à parler du haut de la tribune qui était à sa disposition, et comme ses auditeurs n'avaient à leur usage d'autres armes que la prière et la pénitence, il ne cessa plus de les exhorter à s'en servir. Ces armes, il les savait invincibles, aussi ne désespéra-t-il jamais du succès final. Il avait une confiance inébranlable en la protection de Marie Reine de France ; c'était par Elle que viendrait le salut.

Pour cela il ne se fatiguait pas de recommander la pratique des Trois *Ave Maria*. Ils sont bien peu de chose en eux-mêmes, mais David n'avait pris que cinq pierres dans sa besace pour affronter Goliath, et une seule lui suffit pour prosterner le géant sur le sol. Sa confiance lui donnait l'illusion qu'il verrait ce triomphe et, plus d'une fois, il prit des lueurs fugitives pour l'aurore de ce grand jour. Le pessimisme et l'optimisme se partageaient son âme ; l'avenir était sombre, quand il regardait sur la terre ; il devenait lumineux, quand il levait les yeux au ciel. Sa foi lui faisait tout craindre et lui commandait de tout espérer.

Pressants appels.

Avant d'entreprendre et de poursuivre la *Croisade,* ou plutôt avant de se servir de cette expression, il avait plus d'une fois fait appel à toutes les bonnes volontés. Il écrivait en avril 1903 : « Les Congrégations religieuses sont condamnées à mort, mais tous les membres de ces Congrégations ne sont pas morts ; et, quand ils le seraient, le Seigneur peut en susciter d'autres à leur place. Faisons donc des neuvaines réitérées, pratiquons le pieux exercice du *Chemin de la Croix.* Ne nous lassons pas de prier, sans nous décourager jamais ; quand même tout semblerait perdu, le Seigneur Dieu des armées peut tout sauver en un instant. L'Eglise, l'Eglise de France en particulier, a connu d'autres dangers et d'autres persécutions ; grâce à la prière, elle a triomphé des uns et des autres. Aujourd'hui, elle est en butte aux attaques de la pire des hérésies, qui est la franc-maçonnerie. Aux trois points des francs-maçons opposons les Trois *Ave Maria,* récités pour nous d'abord, puis pour le salut de la France. Et, tôt ou tard, n'en déplaise à nos tyranneaux du jour, par les Trois *Ave Maria* le Cœur de Jésus régnera ».

Plusieurs fois au cours de cette année, il revint sur la nécessité de la prière et de la pénitence pour le salut de la France, qu'il voyait si coupable et courant au devant des châtiments. Ce n'était pas qu'il doutât de l'efficacité des Trois *Ave Maria,* mais il lui semblait devoir demander plus, il exhortait en particulier à la pratique du *Chemin de la Croix.*

Le Chemin de la Croix.

Il était, nous avons dit, une de ses dévotions personnelles et, tous les jours, il prélevait sur ses occupations absorbantes le temps nécessaire pour suivre les stations douloureuses. Il l'avait déjà recommandé aux âmes pieuses, comme un des trois *grands moyens de sanctification et de salut,* qu'il leur enseignait à la suite de saint Léonard-de-Port-Maurice (1). Pour en faciliter la pratique, il avait édité le *Nouveau Chemin de Croix en union avec Marie, sous forme de confession générale et en faveur des âmes du Purgatoire, par un ancien Pèlerin de Jérusalem.* Nous disons : édité, car il se défendait d'en être l'auteur, bien que celui auquel il en voulait renvoyer tout le mérite, déclare n'en avoir été que l'inspirateur (2). Nous ne chercherons pas à faire

---

(1) Dans son opuscule sous ce titre.

(2) Longtemps nous avions cru que cet *ancien Pèlerin de Jérusalem* n'était autre que le P. Jean-Baptiste, qui pouvait prendre ce titre. C'est en étudiant page par page le *Propagateur,* que nous y avons rencontré, dans les premières années, ce Pèlerin anonyme, qui collaborait à la revue sous ce nom. A force de chercher, nous avons fini par découvrir qu'il cachait le P. Joseph de Sainte-Hélène, de la province de Savoie, ancien missionnaire en Mésopotamie. Ce bon Père est toujours vivant, quand nous écrivons ces lignes. Elles blesseront peut-être sa modestie,

la part de chacun ; celle du P. Jean-Baptiste ne fut pas la moindre, par la diffusion de ce pieux opuscule, dont le tirage doit atteindre son cinquantième mille. Arrivons à la *Croisade des Chemins de Croix pour le salut de la France*.

La Croisade des Chemins de Croix.

Au mois de janvier 1904, il écrivait : « La plupart de nos lecteurs ont sans doute entendu parler du fameux *Général des Chapelets*, et de la Croisade patriotique et pacifique qu'il a entreprise pour le salut de la France (1). Depuis deux ans seulement, cette croisade aurait provoqué la promesse de vingt-neuf millions de chapelets ; c'est très beau et très consolant et nous devons espérer que la Reine du Très Saint Rosaire, qui a déjà sauvé la France, au temps de l'hérisie des Albigeois, la sauvera une fois de plus, en ce temps où la franc-maçonnerie, ce cloaque infect de toutes les hérésies, semble triompher. Nous enregistrerons volontiers les chapelets que l'on nous promettra de réciter dans ce but patriotique et chrétien. Mais comme cette croisade existe déjà, nous voudrions conjointement susciter une *Croisade de Chemins de Croix*. Car le Chemin de la Croix, par sa nature même, a une vertu rédemptrice et expiatrice beaucoup plus grande que le chapelet ou le rosaire.

« Les auteurs spirituels, saint Léonard-de-Port-Maurice, en particulier, ne craignent pas de le mettre

mais la vérité et la justice avant tout. (Voir le *Propagateur* de 1903, pp. 62 et 97).

(1) Dans le journal *La Croix*.

au-dessus de tous les exercices de piété, après l'assistance à la sainte Messe. Aucun n'est plus capable de porter à la componction et, par suite, de procurer la conversion, d'entretenir la persévérance et même de stimuler à la perfection. Du reste, il n'en est pas que l'Église ait autant enrichi d'indulgences. En le faisant avec les dispositions voulues, on peut gagner tout au moins une indulgence plénière à chaque station, et en raison des sentiments de componction qu'il inspire, il est plus facile de gagner ces indulgences que celles qui sont attachées aux autres pratiques de piété.

« Confiance et persévérance ! Avec le Chemin de la Croix, le Saint Rosaire et les Trois *Ave Maria*, le Cœur de Jésus régnera malgré Satan et ses suppôts, sur notre chère et *douce* France (1).

En février, il revenait à la charge avec un *Pressant Appel*. « Tous les catholiques français, soucieux du salut de leur chère patrie, sont invités à faire partie de cette *Croisade* pacifique et patriotique. L'année 1904 sera peut-être décisive sous ce rapport. Mais pour obtenir le salut désiré, il faut le mériter par la prière et la pénitence. Aucune pratique, nous semble-t-il, ne sera plus efficace pour atteindre ce but que celle d'offrir au Seigneur le plus grand nombre possible de Chemins de Croix. réparateurs et sauveurs ; car ici la pénitence vient s'ajouter à la prière, ce qui donne une efficacité particulière à cette sainte pratique de piété. D'ailleurs, dans des révélations privées, dignes de foi et rapportées par saint Léonard-de-Port-Maurice, ce grand promoteur du Chemin de

---

(1) *Propagateur* de 1904, pp. 16 et 17.

la Croix, Notre-Seigneur a promis de protéger d'une manière particulière, non seulement les personnes adonnées à ce saint exercice, mais encore les cités, et par suite les pays où il serait en honneur. Voilà pourquoi nous supplions tous ceux et celles qui liront cet *Appel,* non seulement de faire beaucoup de Chemins de Croix, mais encore de susciter et de recueillir le plus grand nombre d'adhésions possible » (1).

Il demandait en conséquence, dans le but de stimuler le zèle de tous, qu'on lui envoyât le nombre des Chemins de Croix promis, pour cette année 1904, afin de le publier chaque mois dans le *Propagateur.*

Résultats consolants.

Cet *Appel* fut entendu. Dans le seul mois de janvier, où la propagande était à peine commencée, il avait reçu la promesse de 72.850 Chemins de Croix. Une seule congrégation religieuse s'était inscrite pour 700 par semaine, ce qui faisait près de la moitié du total susdit. Le mois suivant le nombre des Chemins de Croix promis atteignit 185.500. Promis, disons-nous, car cet engagement portait sur tout le cours de l'année. Après les communautés, des paroisses et des personnes pieuses s'inscrivaient avec une sainte rivalité, si bien qu'à la fin de cette première année de croisade le nombre des Chemins de Croix enregistrés arrivait presque au million ; d'autres, peut-être encore plus nombreux, avaient été accomplis en union avec la croisade, mais sans être comptés, disait-il d'après les échos qui lui étaient parvenus (2).

(1) *Propagateur* de 1904, p. 37.
(2) *Ibid,* p. 370.

Pour obtenir ce résultat, le zélé P. Jean-Baptiste n'avait pas manqué de stimuler chaque mois l'ardeur de ses croisés, grands et petits, les encourageant à persévérer et à faire de nouvelles recrues. Au mois de décembre, il les invitait à une *Deuxième Campagne* qu'il fallait préparer sans retard.

« L'année 1904, écrivait-il, approche de sa fin ; elle s'achemine comme elle avait commencé et pis encore, dans le deuil et la désolation. Le salut n'est pas venu, au gré de nos désirs, nous n'en sommes plus étonnés maintenant. Nous pensions en effet, que tant d'attentats monstrueux perpétrés contre notre sainte Religion, auraient tiré les catholiques de leur torpeur et les auraient portés à faire de dignes fruits de pénitence, et spécialement à s'adonner au pieux exercice du Chemin de la Croix, qui est à la fois une pénitence intérieure et extérieure des plus méritoires et satisfactoires. Sans doute, un bon nombre, grâce au *Propagateur*, sont entrés dans cette voie, et nous en bénissons le Seigneur. Mais combien d'autres, plus nombreux encore, sont restés en arrière et ne sont sensibles qu'à leurs petits intérêts personnels et à leur confortable. Que dis-je ? hélas ! la plupart rient, s'amusent, dansent, et trop souvent, pèchent comme auparavant sans apercevoir l'abîme creusé sous leurs pas, et... par leur faute : car le grand coupable ce n'est pas Combes (1), c'est notre société sensuelle et paganisée. Celle-ci est la mère de celui-là : c'est son chef-d'œuvre et... *le fléau de Dieu*. Que les retardataires en prennent donc leur parti, il leur faudra

---

(1) Alors président du Conseil des Ministres et trop fidèle exécuteur des basses œuvres de la franc-maçonnerie.

ou bien en venir à la pratique de la pénitence volontaire, ou bien subir une pénitence forcée et rouler jusqu'au fond de l'abîme. Nous avions pensé, tout d'abord, mener notre croisade pacifique seulement pendant cette année 1904 ; mais les mêmes causes subsistant avec aggravation, nous continuerons encore l'année prochaine. Nous en prévenons, dès maintenant, nos lecteurs, afin que nos chers zélateurs et zélatrices prennent leurs mesures pour recueillir et nous envoyer le plus de promesses possibles pour tout le cours de l'année 1905 » (1).

Le Propagateur des Chemins de Croix.

Interrompons un moment notre récit, pour signaler un petit détail de l'histoire du *Propagateur*. A partir du mois de mars de cette année 1904, il portait pour titre, sur la couverture seulement, *Propagateur des Trois Ave Maria et des Chemins de Croix,* en raison, disait le Directeur, de l'importance et de l'extension que prenait sa croisade. Toutefois craignant peut-être que ce titre ne fit dévier la revue de son but principal, qui demeurait toujours la pratique des Trois *Ave Maria,* il ne le continua que jusqu'à la fin de l'année.

Pour la croisade, elle continuait. En 1905, un second million de Chemins de Croix avait été souscrit. Il avait reçu également la promesse de six à sept cent mille chapelets, qui n'étaient pas dans son programme. Toutefois c'était une indication pour l'avenir, aussi en annonçant la *Troisième Campagne,* de 1906, il s'exprimait ainsi : « Loin de mettre un terme à notre Croisade, nous

----

(1) *Propagateur* de 1904, p. 337.

voulons l'étendre, afin que, s'il plaît à Dieu, cette troisième campagne soit décisive. Nous continuerons donc de recueillir les Chemins de Croix promis ou accomplis pour le salut de la France, car cet exercice, qui est à la fois une prière et une pratique de pénitence, est des plus efficaces et méritoires. Mais cette année, en présence du danger pressant, nous demandons qu'on y ajoute le plus possible de messes, entendues ou promises, à cette intention spéciale, sans exclure les autres, comme toujours, ainsi que le plus possible de communions, de chapelets ou de rosaires et de bonnes œuvres accomplies, (sacrifices, aumônes, péchés évités etc.) Surtout rappelons-nous, suivant la parole de notre Saint-Père le Pape, que nos prières, pour avoir toute leur efficacité, doivent d'abord être faites dans la grâce de Dieu. Soyons donc vigilants à éviter tout péché, surtout le péché mortel ; joignons, en un mot, la prière et la pénitence, et puis ayons confiance, « car ce combat n'est pas nôtre « mais celui de Dieu ». — « Bataillons, et Dieu, par « Marie, nous donnera la victoire » (1). Il commença donc à partir de la nouvelle année, à inscrire chaque mois les promesses reçues, ainsi qu'il l'avait demandé.

Force nous est de constater que, malgré ses pressants appels, le zèle des croisés sembla se ralentir, on n'arriva pas pour cette année 1906 au demi-million de Chemins de Croix.

Par dessus les toits.

Les événements avaient pourtant marché et donné

___

(1) *Propagateur* de 1905, p. 368.

raison aux sombres pressentiments du P. Jean-Baptiste, que certains traitaient presque de prophète de malheur. Après la fermeture des écoles congréganistes étaient venues les expulsions des religieux, la suppression du concordat, les spoliations des fabriques. Loin de décroître, la persécution se faisait plus violente, sinon dans la forme, au moins dans les résultats. L'avenir lui paraissait chargé de nuages et gros de tempêtes, il redoutait les châtiments, néanmoins il ne cessait de répéter « courage et confiance » et d'exhorter à la prière et aussi à l'action, comme il le faisait à la veille de inventaires des églises. Lui-même en donna l'exemple en cette circonstance. Les portes de la cathédrale de Blois avaient été fermées avant qu'il ait pu s'y rendre, pour y attendre, avec de nombreux catholiques et le clergé, groupés autour de leur évêque, les agents du gouvernement chargés de cette triste besogne. Bientôt cependant, on vit arriver le P. Jean-Baptiste, sans comprendre par où il avait pu passer... Simplement par dessus le toit d'une maison voisine, au risque de se casser le cou ; il voulait en effet être là et accomplir ce qu'il estimait un devoir.

Il prêche la résistance contre l'injustice.

Il n'admettait pas que les catholiques se contentassent de gémir et de protester, il recommandait aussi la résistance et faisait siennes les paroles « vibrantes et claironantes » du président de la *Ligue de Résistance des Catholiques Français,* disant avec Léon XIII : « Résister c'est le devoir, *Resistere officium* ». C'est pour cela qu'il refusait de payer un impôt arbitraire que voulait lui extorquer le Receveur d'Enregistrement de Blois, lui signifiant d'avoir à acquitter une contribution, qui égalait presque la moitié du montant de son loyer. « Après nous avoir volé notre couvent (car je suis et je reste toujours Frère Mineur Capucin), on voudrait encore nous enlever la dernière bouchée de pain, en nous ruinant par des impôts injustes et monstrueux. Depuis quand est-il permis à l'Enregistrement de prélever une somme presque égale à la moitié du loyer? (On lui demandait 64 fr. 69 cent. pour un loyer de 150 fr.). J'ai interrogé d'autres contribuables et j'ai constaté que les impôts ne dépassent pas ordinairement le dixième du prix du loyer, ce qui est encore beaucoup. Quoiqu'il en soit, je ne puis, ni ne veux payer près de 65 fr. pour un loyer de 150 fr. Considérez, si vous le voulez, ma réclamation comme non avenue ; mais moi, de mon côté, je regarderai comme non avenus tous vos petits papiers. Je ne payerai que si vous me réduisez mes contributions au-dessous de 20 fr. Que si vous voulez passer outre, en faisant vendre mon très pauvre mobilier, je vous préviens qu'il ne m'appartient pas, car je suis en garni (1) ».

Résultats de la Croisade.

Revenons à la Croisade. Inaugurée en 1904, elle se poursuivit les années suivantes, grâce surtout au concours des enfants des écoles libres, abonnés au *Petit Propagateur*, qui, avec les communautés religieuses, formaient le gros de l'armée des croisés.

----

(1) Lettre du 10 juin 1907. *Propagateur* de juillet, pp. 200-203.

Nous ne savons si le bon Père s'en rendait un compte bien exact : pour le grand nombre de ses abonnés, l'exercice du Chemin de la Croix présentait et présente des difficultés. Il est des prières que l'on peut faire en allant et venant, ou tout en travaillant, que l'on peut interrompre et reprendre. Pour le Chemin de Croix, il le faut faire de suite, se rendre à l'église, ce qui n'est pas possible à beaucoup avec leur travail, et il faut s'y rendre à des moments où il n'y a pas d'exercices publics, qui se font précisément aux heures où les fidèles ont plus de liberté pour y assister. Ne soyons donc pas surpris en voyant que le nombre des chapelets, quand il commença à les enregistrer, surpassa bien vite celui des Chemins de Croix et finit par arriver au double.

Voici les résultats que donnait le *Propagateur* au mois d'août 1918, c'est-à-dire ceux qui avaient été obtenus du vivant de Jean l'Ermite, le prédicateur de cette croisade pacifique de prières et de pénitences, pour le salut de la France.

3.244.548 Chemins de Croix.

1.664.039 Messes.

1.072.043 Communions.

7.821.316 Chapelets.

15.147.720 Bonnes œuvres et sacrifices.

10.898.610 Trois *Ave Maria* (à partir de septembre 1913).

CHAPITRE QUINZIÈME

LA GUERRE AVEC L'ALLEMAGNE

Triste réalisation de ses pressentiments.

QUAND on a relu, comme nous l'avons fait, au lendemain de la guerre, ces articles de Croisade du P. Jean-Baptiste, on ne peut s'empêcher de donner raison à la clairvoyance qui lui venait de sa foi, et de regretter que ses appels n'aient pas été mieux entendus de la France entière. A diverses reprises, il s'était fait l'écho de *Menaces de châtiments* (1), mais il avait toujours l'espoir que la prière les détournerait.

Le cataclysme, qui devait bouleverser le monde, venait d'être déchaîné. « La voici donc, écrivait-il en septembre 1914, cette guerre, avec raison tant redoutée, et à laquelle depuis longtemps nous préparions les esprits et les cœurs par notre Croisade mensuelle. La guerre contre Dieu devait fatalement aboutir à la guerre contre notre malheureuse patrie. En même temps, la dépravation des mœurs était arrivée à un tel degré qu'elle devait amener un remède violent, qui n'était autre que

____

(1) C'est le titre d'un article dans le *Propagateur* de novembre 1911, p. 331.

la guerre. Il faut donc, bon gré mal gré, l'accepter à la fois comme un châtiment et un remède. Mais courage et confiance ! Il suffit de lire l'Histoire pour constater que le Seigneur n'a jamais abandonné la France. N'a-t-elle pas eu des moments pour le moins aussi critiques ? Il suffit de rappeler les premières invasions des barbares, l'époque qui a précédé notre Bienheureuse Jeanne d'Arc, celle si tristement néfaste de la Révolution. Non ce n'est pas pour rien que la France, malgré ses heures d'égarement, a été appelée la Fille aînée de l'Église. Elle le reste toujours. Et puis, n'est-elle pas encore et toujours le royaume par excellence de Marie ? Quelle nation a été plus favorisée par la Très Sainte Vierge ? Qu'il nous suffise de rappeller les dernières apparitions de la Salette, de Lourdes, de Pontmain, de Pellevoisin, pour se convaincre que cette bonne Mère aime toujours la France. Sans doute, elle a dit à Pellevoisin : « La France souffrira », mais elle a ajouté aussitôt : « Qu'ils prient et qu'ils aient confiance en moi ». Courage donc, prière et confiance ! ».

Courage et confiance.

C'était le titre de l'article que nous citons. Il continuait en combattant le découragement « qui ne remédie à rien et est un mauvais conseiller ». Puis il recommandait la prière, « une prière aussi fervente et assidue que possible ». — « Voici dix ans, cette année, que dans le *Propagateur* nous prêchons la Croisade de prière et de pénitence. Chaque mois, nous avons renouvelé nos appels pressants, pour empêcher ou atténuer le malheur qui nous accable en ce moment. Plusieurs y ont répondu avec ferveur, les enfants surtout, d'autres seulement avec nonchalance, et un trop grand nombre sont restés sourds, froids et indifférents. Dirons-nous qu'il est trop tard maintenant? Oui, pour empêcher le châtiment trop mérité, mais non pour l'atténuer, pour en diminuer la rigueur et la durée. Plus nous prierons, plus le châtiment sera adouci. Prions donc sans nous lasser. Récitons le chapelet, le saint Rosaire et les Trois *Ave Maria* pour le salut de notre chère France ; faisons plus encore, assistons à la sainte messe et communions, si possible, tous les jours ; faisons des Chemins de Croix réparateurs, des bonnes œuvres, des sacrifices, des invocations à cette même intention. En un mot, adonnons-nous avec persévérance à toutes les œuvres de piété compatibles avec nos devoirs d'état, afin d'attirer la miséricorde de Dieu sur la France ». Il terminait par un appel à la confiance. « Oui, confiance dans le résultat final. Il pourra survenir et il y aura sûrement des revers, des calamités, beaucoup de sang versé, mais ayons malgré tout confiance dans la victoire finale, dans le salut et la régénération de la France ».

Souhaits de victoire et de paix.

Tant que durera l'épreuve, ce sera toujours la même consigne qu'il donnera à ses croisés ; toujours il prêchera la prière et la pénitence, il entretiendra le courage et l'espoir. L'année 1915, écrivait-il en janvier, « s'annonce comme devant être terrible par les combats formidables et acharnés dont l'Europe sera le théâtre et auxquels la

France sera forcément mêlée. Victorieuse ou non, il y aura bien des victimes, beaucoup de sang versé et de larmes répandues. Mais au moins, il importe que la France soit finalement victorieuse avec ses alliés, et, nous devons l'espérer, elle le sera. Dieu, malgré tout, protège la France ; et cette guerre sans précédent, qui est à la fois un châtiment et un remède à ses maux intérieurs, est sans doute le moyen destiné par Dieu pour rendre la France à sa destinée et à sa vraie vocation de Royaume très chrétien et de Fille aînée de l'Eglise ».

Sombres prévisions.

Nous aimerions à multiplier les citations, car lorsqu'il plaide la cause de la patrie, le P. Jean-Baptiste devient véritablement éloquent. Il nous faut nous borner : fermons donc le volume de 1915, pour ouvrir le suivant. Il débute ainsi : « En vous offrant nos vœux pour l'année qui vient de finir, nous faisions pressentir qu'elle verrait se dérouler des événements tragiques et mériterait sans doute de porter dans l'histoire le nom *d'année terrible*. Hélas ! nos prévisions ne se sont que trop réalisées. Disons plutôt qu'elles ont été dépassées en horreurs et en calamités par le fait des barbares allemands, qui se glorifient par la bouche de leurs pasteurs protestants, d'être les « bourreaux de l'humanité ». Quelle sera cette nouvelle année 1916 ? Sans être prophète, nous pensons qu'elle sera peut-être encore plus terrible que la précédente, en raison de l'acharnement des deux partis et de l'étendue plus considérable du théâtre de la guerre. De plus, ces calamités extérieures pourront avoir de terribles répercussions à l’intérieur et causer de violentes secousses, qui amènent toujours des ruines. Mais courage et confiance quand même. Sans doute, nous n’espérons guère que la présente année voie la fin de nos maux, mais ce que nous affirmons avec une entière certitude, c’est que la France sera finalement victorieuse de tous ses ennemis, redeviendra heureuse et prospère, et reprendra son rôle de nation très chrétienne, malheureusement interrompu depuis trop longtemps. Daigne le Seigneur hâter ces heureux jours ».

Espoir quand même.

Les années suivantes, ce sont des souhaits de paix qu’il offre à ses lecteurs. Il la voudrait prochaine, cette paix victorieuse, il voudrait pouvoir l’annoncer. Au commencement de l’année 1917, bien qu’elle lui apparaisse « encore plus terrible que les années précédentes », il espère « voir poindre une aurore de paix ». Cette paix avec les ennemis du dehors, « avec nos barbares voisins », il faut la préparer par la paix avec Dieu. L’année s’achève sans que cette aurore se soit levée : il ne perd pas confiance pour cela. « Année 1918, que recèles-tu dans tes flancs ? Tu nous apparais comme un sombre nuage noir, rempli de tempêtes, d’éclairs et de tonnerres, prêts à fondre sur nous, pour ajouter ruines sur ruines, misères sur misères. Cependant, sans ressembler ni de près ni de loin au prophète Élie, il me semble entrevoir à l’horizon un *petit nuage blanc*, rempli d’espérance, de lumière et de paix. Ce petit nuage blanc, comme celui de jadis, symbolise la Vierge Immaculée, le « blanc lys de la Sainte Trinité », la divine Marie, par laquelle nous viennent tous les biens, ceux du temps et de l'éternité, spécialement la divine rosée du ciel, la grâce, la paix et la fécondité. Ainsi donc, pas de découragement au milieu des épreuves présentes et futures ! *Quand même elles se décupleraient*, nous pouvons et même nous devons avoir confiance que *tout finira bien*, grâce à la protection du Sacré-Cœur et de la Très Sainte Vierge, et, nous disent certaines âmes favorisées, par l'intervention spéciale de Saint Michel. Mais quand et comment ? C'est ce que nous ne savons pas encore. Nous savons seulement qu'il dépend de nous, de nos sacrifices, de nos bonnes œuvres, de hâter la fin de nos maux ».

Il ne devait pas voir cette fin, ni le triomphe de nos armes, mais nous aimons à croire que sa croisade pacifique aura contribué à ce résultat final, dont il n'avait jamais douté et pour lequel il ne cessait de recommander la fidélité aux Trois *Ave Maria*. Dans le dernier numéro du *Propagateur* qui parut avant sa mort, on lisait encore ces paroles signées de son nom : « Courage donc et confiance. Non contents de réciter nous-mêmes les Trois *Ave Maria*, prenons la résolution de les recommander autour de nous et de veiller à ce qu'ils soient fidèlement récités par tous ceux qui dépendent de nous. Le salut de la France et celui de chacun y sont intéressés. Il importe donc de les propager le plus possible, dans toute la France et même au loin, si nous le pouvons. Et alors, nous en avons la douce confiance, la Très Sainte Vierge, qui est une bonne Mère, nous obtiendra grâce et miséricorde. La grande épreuve passera. Cette épreuve qu’elle aurait tant voulu nous faire éviter » (1).

Tout ce que le P. Jean-Baptiste souhaitait pour notre chère patrie ne s’est pas réalisé ; aussi, comme lui, nous ne pouvons que répéter : Prière et pénitence ! Courage et confiance !

Un mot de sa crédulité.

C’est ici, croyons-nous, le lieu de dire quelque chose de la naïve crédulité avec laquelle le bon Père accueillait toutes les soi-disant manifestations surnaturelles, qui se racontaient en particulier ou en public, et avaient un rapport plus ou moins éloigné, avec les événements contemporains. La plupart du temps, il y apportait bien une certaine prudence, n’en parlait qu’avec «les réserves nécessaires ». Néanmoins il inclinait toujours à y croire et même, parfois, se scandalisait de l’attitude de ceux qui ne partageaient pas sa confiance. A diverses reprises, il se vit contraint de revenir sur des acceptations hasardées et précipitées, sans être corrigé pour cela. Faut-il le condamner ? Nous ne le pensons pas, car cette crédulité prenait son origine dans son grand esprit de foi. Il ne savait pas rejeter *a priori* ce qui avait ou semblait avoir un caractère surnaturel. Il a pu se tromper, être trompé par des personnes en qui il avait confiance, mais il fut toujours prêt à reconnaître son erreur et à s’incliner quoiqu’avec regret, parfois, devant les sentences de l’autorité ecclésiastique, seule juge en ces matières. On ne pouvait lui demander autre chose.

____

(1) *Propagateur* de juillet 1918, p. 194.

CHAPITRE SEIZIÈME

LA CHAPELLE DE NOTRE-DAME DES TROIS AVE MARIA ET LA CONFRÉRIE

Le premier oratoire.

ON lisait dans le *Propagateur* de décembre 1907 un petit article intitulé, *La Chapelle de Notre-Dame des Trois Ave Maria*. « Plusieurs nous ont déjà demandé si nous avions une chapelle ou oratoire de Notre-Dame des Trois *Ave Maria* ; évidemment, cela ressortait de tout ce que nous disions au sujet de son image, devant laquelle brûle constamment une lampe, aux intentions qui nous sont recommandées. Mais, par les mauvais temps que nous traversons, il ne peut être question d'une grande chapelle publique ; cela viendra plus tard. En attendant, nous nous contentons d'un petit oratoire privé, admirablement situé au-dessus de la vallée de la Loire, et que nous voudrions rendre aussi digne que possible de la Vierge aux trois grands privilèges ».

Ce modeste oratoire existait dans la maison, que nous avons dite, rue Pierre de Blois, au-dessus des bureaux du journal *L'avenir du Loir-et-Cher*, à proximité de l'appartement qu'il y occupait. Il va nous le décrire lui-même. « Cette chapelle est située au sommet d'une tour moyenâgeuse, qui domine la vallée de la Loire ; de là le coup d'œil est ravissant et varié. La chapelle, en forme de rotonde, ne peut guère contenir plus de huit à dix personnes ; mais comme on y prie bien ! Il semble qu'on y est plus près du ciel. Au milieu, adossé au mur, se trouve l'autel, derrière lequel, comme fond, est suspendu le tableau de Notre-Dame des Trois *Ave Maria*, entouré d'une guirlande de fleurs. De chaque côté, sont disposées, trois par trois, les statues des quatre saints protecteurs, sainte Melcthilde, saint Antoine de Padoue, saint Léonard de Port-Maurice, saint Alphonse de Liguori, avec celles du Sacré-Cœur et de saint Joseph, qui surmontent chaque groupe. Au dessus de la porte, saint Michel, le premier défenseur de la Sainte Vierge contre satan, et choisi comme ange protecteur de l'œuvre. En face de l'autel, de chaque côté du grand ex-voto encadré, se trouvent deux statues, l'une de saint Jean-Baptiste, qui fut le premier sanctifié par l'intermédiaire de la divine Mère, l'autre du séraphique Père saint François, si dévot lui aussi à la Vierge Immaculée. Déja plusieurs cœurs ex-voto sont suspendus au mur » (1).

Son zèle pour l'embellir.

Dès son arrivée à Blois, Mgr Mélisson, déjà tout dévoué à l'œuvre, mettait le comble aux désirs du P.

______
(1) *Propagateur* de 1908. p. 181.

Jean-Baptiste en approuvant officiellement son petit
oratoire, en l'honneur de Notre-Dame des Trois *Ave
Maria*, et en lui conférant, à titre d'honneur, les privilèges des oratoires publics, sauf pour les cérémonies
qui, en raison de l'exiguité du local, ne pouvaient s'y
faire (1). Il était bien restreint, en effet, ce petit oratoire,
érigé au sommet de la tour qui sert de cage à l'esca-
lier de la maison, tour qui ne remontait au moyen-âge
dans que l'imagination du bon Père ; mais comme il lui
était cher ! Il ne rêvait que l'embellir pour le rendre
plus digne de sa destination.

Les statues qu'il vient de dire, lui avaient été offertes
à la suite d'une demande adressée à ses fidèles abonnés.
Il avait aussi en vue la confection d'un tapis, avec dessins et ornements symboliques, pour lequel il ouvrait
une petite souscription. Il reçut les dons nécessaires et,
nous disaient ceux qui en furent témoins, sa joie était
sans mesure quand le tapis fut exécuté. Il le montrait à
ses bienfaiteurs et leur en faisait admirer la beauté. Il
donna même sa reproduction dans le *Propagateur*, avec
cette description : « Le cliché, mis en tête de cet article,
reproduit seulement les linéaments, mais ne peut donner
une idée des nuances et des couleurs. Le principal motif
de ce tapis est le blason du milieu, qui représente la
dévotion des Trois *Ave Maria,* dévotion qui est encore
représentée par les dessins variés des contours et surtout
par les deux grandes fleurs de lys des deux extrémités du
bas. Aux deux coins du haut, on admire les deux
écussons, d'un côté de saint François, de l'autre de la

____

(1) *Ibid.*, p. 54.

ville de Blois. On remarquera avec satisfaction que ce dernier blason comporte seulement une fleur de lys, qui est un des principaux emblêmes de notre chère dévotion; voilà pourquoi cet emblème est répété à satiété, comme semis, dans le corps du tapis. A ceux qui voudraient être mieux renseignés nous disons : Venez voir et surtout venez prier Notre-Dame des Trois *Ave Maria,* dans le petit sanctuaire qu'elle s'est *choisi, humble et caché* encore, mais tout près du ciel » (1).

Comme on le devine sans peine, la première statue de Notre-Dame des Trois *Ave Maria* avait été destinée à son cher oratoire. Ce qui la rendit plus précieuse à ses yeux c'est que Mgr Mélisson daigna venir lui-même bénir cette statue « dans sa délicieuse petite chapelle », qui ainsi que le constata Sa Grandeur, était déjà devenue le but d'un pieux pèlerinage. Avant de se retirer, le pieux évêque de Blois s'agenouillait devant la nouvelle image et récitait avec les quelques assistants, les Trois *Ave Maria,* suivis du *Gloria Patri* (2).

Le nouvel oratoire.

Cet oratoire en miniature ne pouvait être que provisoire. Par ailleurs l'Œuvre se développait ; il lui fallait des bureaux, car la chambre du P. Jean-Baptiste et le petit cabinet, que M. Migault avait mis à sa disposition, étaient devenus insuffisants. « Ici encore, écrivait-il en août 1909, confiant dans la Providence et dans la protection de la Vierge aux trois grands privilèges, nous

(1) *Ibid.,* p. 182.
(2) *Propagateur* de 1909, p. 297.

avons l'intention de nous procurer un local assez vaste, qui sera désormais le centre de la dévotion des Trois *Ave Maria*, jusqu'au jour où des temps meilleurs nous permettront d'édifier la grande chapelle que nous rêvons, à l'honneur et à la gloire de Notre-Dame des Trois *Ave Maria*. Nous aimons à espérer que nos pieux lecteurs, si dévots et si reconnaissants à cette Vierge miraculeuse, voudront bien nous venir en aide pour cette œuvre surnaturelle » (1).

Ce n'est jamais en vain que l'on met sa confiance en la Providence. Une vieille et grande maison, aux appartements spacieux, était devenue vacante par suite de la mort de son propriétaire, M. le chanoine Porcher, un fidèle serviteur de Marie, qui avait été à l'occasion, le collaborateur bienveillant de la Revue (2). Le P. Jean-Baptiste ne pouvait songer à en faire l'acquisition; mais il fit tant et si bien que son imprimeur tout dévoué. M. Migault, s'en rendit acquéreur, à seule fin de la mettre à la disposition de l'Œuvre des Trois *Ave Maria*. C'était vers le commencement du mois d'août 1910. « Nous y entrerons pour l'Assomption, répétait-il avec confiance, et j'y dirai la messe ce jour là ». Il y entrait en effet, le samedi 13, en la vigile anticipée de la grande solennité de Marie, aux premières vêpres de la fête de saint Alphonse de Liguori, le Docteur des Trois *Ave Maria*, que notre Ordre célébrait alors le 14 août.

La véritable maîtresse de la maison.

Peu de jours auparavant, quand M. Migault, auquel

---

(1) *Ibid.* p. 231.
(2) *Propagateur* de 1906, octobre-décembre.

on venait de remettre les clefs, voulut y entrer pour en prendre possession, il ne put franchir le seuil. Devant la porte, le P. Jean-Baptiste, aussitôt qu'il avait su que l'acte de vente était signé, avait fait transporter une grande statue de Notre-Dame des Trois *Ave Maria,* qui barrait le passage. Ne devait-elle pas être la première à entrer dans cette maison, qui devenait la sienne.

Il lui semblait par ailleurs que cette maison était prédestinée à abriter l'œuvre des Trois *Ave Maria.* Il avait écrit, quelques mois auparavant, dans le *Manuel* complet de la dévotion, en donnant les raisons pour lesquelles il lui semblait que la Très Sainte Vierge avait choisi la ville de Blois, pour être le berceau de l'œuvre : « De même que la vapeur, si tenue en elle-même, (mais dont la force intrinsèque fut découverte par Denis Papin, natif de Blois) est partie en quelque sorte de cette ville, pour porter ses bienfaits dans l'univers entier, ainsi les Trois *Ave Maria,* qui paraissent si petits en eux-mêmes, sont partis de Blois dans toutes les directions, en France et à l'étranger, opérant partout des prodiges de grâces spirituelles et tempo-relles » (1). Or, « coïncidence curieuse, remarquait-il, notre nouvelle demeure est maintenant en partie sur l'emplacement de la maison qui a donné le jour à Denis Papin, maison qui subsiste encore et que les touristes ne manquent pas d'inspecter du dehors, avec son curieux couloir suspendu. C'est encore un rapprochemeut entre la vapeur et les trois petits *Ave Maria* » (2).

---

(1) *Manuel,* p. 364.
(2) *Propagateur* de 1910, p. 268.

La chapelle des Trois Ave.

Un de ses premiers soins fut d'orner et de meubler un nouvel oratoire, « afin d'en faire un sanctuaire digne de la grande dévotion des Trois *Ave Maria,* dont il serait le centre ». Dans ce but, il faisait un confiant appel à la générosité des fidèles dévots de la Madone. Une des plus belles pièces de la maison, située au premier étage, mais d'un accès facile, avait été choisie pour cette affectation. Les travaux nécessaires avaient été poussés activement, et « le samedi 24 septembre, fête de Notre-Dame de la Merci, il avait la joie de pouvoir y placer le Très-Saint Sacrement, d'une manière définitive. Il y aurait, continuait-il, bien d'autres travaux de décors qui conviendraient à cette chapelle, désormais le centre de la dévotion mondiale des Trois *Ave Maria,* mais nous ne pouvons les entreprendre que dans la mesure où les ressources nous seront fournies par nos généreux bienfaiteurs ».

Il savait pouvoir y compter, aussi n'attendit-il pas pour commander un autel en chêne sculpté, simple mais gracieux, dont le principal ornement consiste en deux grands médaillons, appliqués sur le devant du tombeau et qui représentent les deux faces de la médaille des Trois *Ave Maria.* Il reçut de même tout ce qui lui était nécessaire pour décorer cet autel, chandeliers et fleurs, nappes, guipures et broderies. Toutefois, le plus bel ornement du pieux sanctuaire ce sont les nombreux ex-voto sur tablettes en marbre blanc, qui tapissent les murs. Le soir il est mystérieusement éclairé par les lampes ardentes qui, jour et nuit, se consument en l'honneur de la Vierge Puissante, Sage et Miséricordieuse, symbole des cœurs qui la prient avec foi et amour.

Les reliques insignes de la T. S. Vierge.

Une des dernières grandes joies du P. Jean-Baptiste avait été de voir sa chapelle enrichie de plusieurs reliques insignes de la Très Sainte Vierge. « Elles sont contenues, écrivait-il alors, dans quatre médaillons, dont le plus grand, en or, enrichi de pierres précieuses, contient un fragment du Voile de la Très Sainte Vierge, ainsi qu'un fragment de sa chaussure. Le tout est authentiqué par S. E. le cardinal Coullié, archevêque de Lyon, à la date du 20 décembre 1899. Sur cet authentique il est dit que « ces reliques ont été extraites du trésor de la ville de Rodez, où les apporta saint Martial, un des premiers apôtres des Gaules ».

« Un autre médaillon, plus petit, renferme également deux reliques semblables, authentiquées par Sa Grandeur Mgr Germain, alors évêque de Rodez, le 27 juillet 1899.

« Une troisième relique insigne nous est garantie par Sa Grandeur Mgr Mollien, évêque de Chartres en 1900. Elle se compose d'une parcelle du Vêtement de la Très Sainte Vierge, extraite d'un fragment qui avait été authentiqué par S. E. le Cardinal Richard, archevêque de Paris.

» Enfin nous avons la faveur de posséder une autre parcelle du saint Voile, qui provient du reliquaire de l'église de Notre-Dame du saint Voile, à Coupiac, (Aveyron). Ce petit reliquaire est scellé du Cardinal Bourret, évêque de Rodez » (1).

(1) *Propagateur* de juillet 1917, p. 193.

Par quel concours de circonstances ces reliques si précieuses furent-elles données à la chapelle de Notre-Dame des Trois *Ave Maria* ? — Le P. Jean Baptiste a trouvé qu'il aurait été « trop long et superflu de le dire. » Il se contentait de constater par là combien la Très Sainte Vierge favorisait « la chapelle de sa Confrérie, qui a peine constituée, recevait un si précieux trésor ».

Le premier pèlerinage officiel.

Ces saintes Reliques furent vénérées pour la première fois, le lundi de la Pentecôte, 28 mai 1917, à l'occasion du premier Pèlerinage officiel, qu'il avait la consolation d'accueillir dans le sanctuaire des Trois *Ave Maria*. Premier pèlerinage officiel, disait-il, et en groupe nombreux, car il comptait « une cinquantaine de jeunes filles de toutes conditions, venues les mains remplies de fleurs, pour les offrir à leur divine Mère ». Elles arrivaient d'Amboise, conduites par un confrère du P. Jean-Baptiste, que la guerre avait forcé à chercher un refuge loin des ruines de son domicile à Reims. A l'issue de la messe, le Père faisait vénérer les reliques de la Très Sainte Vierge, qu'il venait de recevoir, providentiellement, ainsi qu'il le faisait remarquer.

A ces pieuses jeunes filles succéda le Noviciat des Religieuses Franciscaines Servantes de Marie, dont la maison-mère est à Blois, « qui vint répandre ses prières et ses chants devant la statue et les reliques de Notre-Dame. Toute la journée, continue-t-il, des pèlerins isolés de Blois et des environs vinrent témoigner leur amour et leur vénération à Notre-Dame des Trois

Ave Maria. Aussi, nous pouvons dire qu'à cette date du 28 mai, le pèlerinage à Notre-Dame des Trois *Ave Maria* est commencé : il continuera » (1). Il continue en effet et, bien souvent dans la journée la pieuse chapelle reçoit des visites inspirées par la dévotion, la confiance et l'amour envers la Bonne Mère.

Une Association et une Chapelle de Notre-Dame des Trois Ave Maria.

L'autel du petit oratoire, au haut de la tour dont nous avons parlé, avait été le premier érigé en l'honneur de Notre-Dame des Trois *Ave Maria*. Le P. Jean-Baptiste appelait de tous ses vœux le jour où il le verrait remplacé par une église, qu'il saluait même du nom de Basilique. Ce qu'il ne pouvait faire à Blois, par suite des circonstances, d'autres le firent en Belgique. La dévotion aux Trois *Ave Maria* y avait été accueillie avec empressement, et l'un des principaux zélateurs était un homonyme du Directeur de l'Œuvre, le T. R. P. Jean-Baptiste, ex-Provincial des frères mineurs capucins de Belgique. Par ses soins, une *Association des Trois Ave Maria,* la première en date, avait été établie dans la chapelle des Religieuses Franciscaines de la Congrégation de Calais, établies à Meersel. De là elle s'était répandue dans le pays flamand et en Hollande (2).

Les Religieuses de Meersel n'avaient encore qu'une chapelle provisoire et bientôt elles entreprirent d'en construire une définitive, sous le vocable de Notre-Dame

(1) *Ibid.*, p. 195.
(2) *Propagateur* de 1904. p. 295.

des Trois *Ave Maria*. La première pierre était posée le 10 décembre 1908 et le 18 août 1909 la nouvelle église était solennellement bénite par Mgr de Wachter, auxiliaire du *Cardinal de Malines* (1). C'était la première église dédiée à Notre-Dame des Trois *Ave Maria*. Le P. Jean-Baptiste faisait part de cette nouvelle à ses lecteurs, avec une joie mélangée d'une sainte envie. Quand aurait-il, lui aussi, la consolation d'ériger un temple à la Vierge Puissante, Sage et Miséricordieuse ? Ce bonheur ne lui fut pas donné ; sa mission n'était pas de construire un temple de pierres à la Très Sainte Vierge, mais de transformer en autant de sanctuaires les cœurs des millions de fidèles, auxquels il avait fait connaître et aimer la pieuse pratique des Trois *Ave Maria*, qu'il espérait pouvoir grouper en une Archiconfrérie mondiale.

Premiers projets d'Archiconfrérie.

Au commencement de de l'année 1912, en passant en revue ce qui se faisait à travers le monde pour la propagande des Trois *Ave Maria*, le P. Jean-Baptiste exprimait le désir que tous les centres secondaires, qui s'étaient formés en divers pays, demeurassent unis au centre principal de Blois. Pour mieux atteindre ce résultat, écrivait-il, nous avons eu la pensée, après diverses demandes qui nous ont été faites, des contrées même les plus éloignées, de proposer au Souverain Pontife l'érection d'une *Archiconfrérie*, désirée d'un grand nombre. Comme c'est une chose grave et de la plus haute impor-

____

(1) *Propagateur* de 1910, p. 6.

tance, nous invitons les fidèles dévots des Trois *Ave Maria* à faire des prières dans ce but, sans se lasser, car c'est une affaire qui peut demander beaucoup de temps » (1).

Au mois d'août de la même année, il concluait son *Rapport*, lu au Congrès Marial de Trèves, sur l'organisation de l'œuvre de Propagande, en disant : « Dans un avenir plus ou moins prochain, nous avons l'intention et l'espoir d'établir à Blois, *l'Archiconfrérie des Trois Ave Maria* ; ce serait le couronnement et le perfectionnement de cette œuvre devenue déjà mondiale. Aussi pour finir, nous demandons au Congrès de daigner approuver ce pieux projet, s'il le juge convenable pour l'extension de notre sainte dévotion, pour le plus grand bien des âmes et pour la gloire de notre commune Mère et Reine ». Ce projet qui était proposé, plutôt comme demande d'avis relatif, fut non seulement approuvé, mais pour ainsi dire acclamé, sous la forme d'un vœu (2).

Nous ne trouvons cependant pas qu'il ait rien fait pour en assurer l'exécution, pendant les années qui suivirent. Sans doute voyait-il des difficultés et croyait-il plus sage de remettre, afin d'arriver plus sûrement au but. Il attendait l'heure de la Providence.

Les premières démarches.

Il lui sembla que cette heure venait de sonner, quand le 25 mars 1916, Sa Sainteté le Pape Benoît XV, répondant à une adresse qu'il lui avait fait présenter, accordait

---

(1) *Propagateur* de 1912, p. 9.
(2) *Ibid.*, p. 259.

la Bénédiction Apostolique aux membres de l'Association de la Neuvaine dite des *Trois Ave Maria*. « Dilectis Filiis qui ad Sodalitatem Supplicationis Novemdialis pertinent *De tribus Ave Maria* nuncupatae » (1).

Déjà Pie X, de sainte mémoire, avait employé la même expression, dans une circonstance analogue (2). Il ne paraît cependant pas y avoir alors pris garde, du moins, il n'en dit rien. Comme à la suite de la nouvelle bénédiction de Benoît XV, on lui demandait en quoi consistait cette *Association de la neuvaine des Trois Ave Maria,* il faisait cette réponse : « Elle existe déjà depuis longtemps à l'état pratique, car elle a été mise en exécution, avant d'être formulée en termes précis. Il est temps de la faire mieux connaître, maintenant que S. S. Benoît XV vient de l'encourager par sa haute autorité. En voici les Statuts :

« Art. I. — Une *Association de la Neuvaine des Trois Ave Maria* est établie, ayant pour siège la Chapelle de Notre-Dame des Trois *Ave Maria,* à Blois.

« Art. II. — Tous les fidèles, ayant l'âge de raison, peuvent faire partie de cette *Association :* il suffit de donner son nom au Directeur, et de s'engager, sur l'honneur mais non sous peine de péché, à faire la Neuvaine des Trois *Ave Maria,* comme préparation aux trois principales fêtes de l' Association, qui sont celles de l'Immaculée Conception, de l'Annonciation, et de l'Assomption. Tous les abonnés du *Propagateur,* ayant donné leur nom, n'ont pas autrement besoin de

---

(1) *Propagateur* de 1916, p. 122.
(2) *Propagateur* de 1910, p. 321. Autographe en date du 4 mai

se faire inscrire. (Suivent ensuite les intentions auxquelles il couvenait de faire ces trois Neuvaines).

« Art. III. — En dehors de ces trois Neuvaines générales les Associés sont invités à faire le plus souvent possible les exercices de cette Neuvaine, soit aux mêmes intentions, soit à des intentions particulières, en mettant toute leur confiance dans la Puissance, la Sagesse et la Miséricorde de Notre-Dame des Trois *Ave Maria,* Lys immaculé de la Sainte » (1).

C'était un premier pas pour arriver à l'Archiconfrérie, mais il en fallait encore d'autres avant d'atteindre le but.

Qu'est-ce qu'une Archiconfrérie ?

Qui dit *Archiconfrérie* signifie une confrérie canoniquement érigée, par conséquent déjà existante, et autorisée à s'agréger les autres Confréries du même nom et à leur communiquer ses propres Indulgences et ses Privilèges. Une Confrérie est une Association libre de fidèles, établie et dirigée par l'Autorité ecclésiastique, dans un but spécial de piété ou de charité chrétienne. Ce qui la différencie de la simple Association, c'est son érection par l'autorité ecclésiastique, c'est-à-dire, par l'évêque du diocèse où elle se fonde.

Le P. Jean-Bapiste avait pu établir l'*Association de la Neuvaine des Trois Ave Maria* ; pour la transformer en Confrérie, il était donc nécessaire que cet établissement fut sanctionné par Mgr l'évêque de Blois. Cette érection canonique répondait trop bien aux

---

(1) *Propagateur* de juin 1916, p. 150.

désirs de l'apôtre zélé de Marie, pour qu'il tardât bien longtemps à solliciter cet acte de l'autorité épiscopale.

Erection de la Confrérie de Notre-Dame des Trois Ave Maria.

Il le faisait par une supplique en date du 14 avril 1917. Nous n'en retiendrons que ce passage, dont les premiers mots demeurent quelque peu énigmatiques pour nous. « Déjà, Votre Grandeur se le rappelle, un effort a été fait dans ce sens par le passé. Mais, sans doute, le projet n'était pas assez mûri, ni les circonstances assez favorables. Maintenant, après avoir longuement réfléchi et prié, après avoir reçu les encouragements de hautes personnalités, particulièrement de notre Révérendissime Père Général, je viens, en toute confiance, frapper de nouveau à la porte de votre cœur épiscopal.

« Votre Grandeur connaît notre Chapelle provisoire. D'après le Droit Canon, rien ne s'oppose à ce qu'elle soit agréée comme centre de la *Confrérie des Trois Ave Maria*. Aussi, mû uniquement par l'intérêt supérieur des âmes, j'ai la confiance, Monseigneur, que votre Grandeur daignera favoriser de tout son pouvoir le projet de Confrérie, que je me permets de lui soumettre » (1).

Quelques jours après, le 20. Mgr Mélisson signait le décret d'érection d'une Confrérie, sous le titre et le vocable de l'Immaculée Vierge Marie, dite Notre-Dame des Trois *Ave Maria*. Par le même acte il approuvait les *Statuts* et instituait le P. Jean-Baptiste et ses successeurs à la tête de l'Œuvre, pour Directeurs de la Confrérie (2).

----

(1) *Propagateur* de 1917, p. 122.
(2) *Ibid.*

Une confrérie doit avoir un but spécial de piété ou de charité. Celui que déterminent les Statuts, est de « remercier les trois Personnes divines des grands Privilèges de Puissance, de Sagesse et de Miséricorde, dont fut gratifiée la Vierge Immaculée, et en vue d'obtenir, par son intercession, la grâce d'une bonne mort ».

Elle comprend deux degrés d'Associés. « Pour être Associé du premier degré, il est nécessaire et il suffit de donner son nom (de baptême et de famille) et de réciter habituellement chaque jour, trois *Ave Maria*, en l'honneur de la Très Sainte Vierge. — Pour être Associé du deuxième degré on s'engage en plus, sans obligation de conscience, à réciter la formule de la *Neuvaine efficace des Trois Ave Maria*, approuvée et encouragée par les Papes Pie X et Benoît XV, comme préparation aux fêtes de l'Immaculée Conception, de l'Annonciation et de l'Assomption ».

Le P. Jean-Baptiste aimait à faire remarquer les coïncidences. Il s'en présenta une qu'il avait soin de signaler : « par une disposition particulière de la Très Sainte Vierge, nous avons reçu ces précieux documents dans la matinée du samedi 24 avril, jour dédié, dans l'Ordre des Capucins, à la Très Sainte Vierge, sous le titre grâcieux de la *Divine Bergère* ».

Merveilleux succès.

Le zélé Directeur concluait cette remarque en disant : « C'est par millions que les fidèles dévots de Marie voudront entrer dans le bercail de cette Mère du divin Pasteur, en promettant de réciter chaque jour de leur vie les Trois *Ave Maria*. Ainsi, sous sa houlette et sa protection, ils pourront, par une heureuse mort entrer dans les gras pàturages de la Jérusalem céleste, suivant la promesse que cette Mère toute miséricordieuse en a faite à sainte Mechtilde, en lui enseignant cette salutaire pratique ».

Par millions était beaucoup dire, mais ce fut par milliers que les associés se firent inscrire. L'annonce de l'érection de la Confrérie avait paru dans le *Propagateur* de mai 1917. Dans celui du mois de juillet on trouve le chiffre de ceux qui s'étaient fait inscrire, jusqu'à la date du 15 juin. Ils étaient plus de 7000. Du 15 juin au 15 juillet, on en comptait 5156 nouveaux, plus de 14000 pour les deux mois suivants. Au bout d'un an ils étaient exactement 73537. Avant de mourir le P. Jean-Baptiste avait la bien douce satisfaction de voir un total de 88455 inscrits dans la *Confrérie de Notre-Dame des Trois Ave Maria*.

Autres Confréries

Une Archiconfrérie, avons-nous dit, est une Confrérie autorisée à s'agréger les autres Confréries de même nom. Il fallait donc susciter l'érection d'autres Confréries en des centres différents. Le pieux fondateur de celle de Blois ne doutait pas d'en voir surgir rapidement un nombre suffisant pour arriver au résultat tant désiré. Son espérance ne devait pas être déçue.

La première, croyons-nous, fut celle de Saint-Jean d'Alcas, au diocèse de Rodez, qui avait pour pasteur l'abbé Fuzier, un des collaborateurs assidus du *Propa-*

gateur. Elle était canoniquement érigée la veille de la Nativité de la Très Sainte Vierge de cette même année 1917. En janvier 1918 une seconde était établie à Nikine, dans le Vicariat apostolique de la Sénégambie. Le Cardinal Maurin, archevêque de Lyon, en érigeait une troisième à Apinac, le 1ᵉʳ février. Dans les mois suivants trois autres se fondaient dans l'île de Ceylan. Nous en voyons se former en Portugal et en Italie, où celle d'Aoste mérite une mention spéciale. Le zélé Mgr Tasso annonçait cette érection par une lettre pastorale à ses diocésains, en leur recommandant à nouveau et avec de pressantes instances la pieuse pratique des Trois *Ave Maria*.

Le P. Jean-Baptiste enregistrait avec joie chacune de ces érections nouvelles, et déjà il entrevoyait le jour où la Confrérie de Blois pourrait devenir Archiconfrérie. Il y travaillait même en Cour de Rome. Toutefois il ne devait pas avoir la consolation de voir le couronnement de son œuvre de zèle. « C'est une affaire qui peut demander beaucoup de temps », l'avons-nous entendu dire ; il n'était donc pas surpris de la voir avancer lentement. Rome, il le savait, ne fait rien sans prudence. Ne nous étonnons donc pas de ces lenteurs et attendons, comme lui, l'heure de la Providence, tout en priant la Vierge Sainte de prendre en mains cette cause, qui est sienne (1).

---

(1) Depuis que ces pages ont été écrites, un Bref du Pape Benoît XV, en date du 30 juillet 1921, érigeait « en Archiconfrérie, ou Société Primaire, avec les Privilèges habituels, l'Association dite des Trois *Ave Maria*, existant canoniquement à Blois dans la chapelle dédiée à l'Immaculée Conception ».

Consolations au milieu des angoisses
de la guerre.

Pour entretenir le courage de son fidèle serviteur, la douce Madone lui procurait de grandes consolations. De ce nombre fut encore l'érection solennelle d'un groupe artistique et monumental en marbre blanc, représentant Notre-Dame des Trois *Ave Maria* et les personnes divines, dans l'église cathédrale et royale de Madrid, au mois de mai 1917. Un triduum pompeux avait précédé la bénédiction du groupe par l'évêque de Madrid, en présence du Nonce Apostolique.

Malgré les tristesses de la guerre, l'année 1917, on le voit, avait été une année bénie et féconde en résultats.

CHAPITRE DIX-SEPTIÈME

LES DERNIÈRES ANNÉES TRAVAUX ET GENRE DE VIE

La Vie du frère Jacques.

ALORS qu'il arrivait au couvent de Lorient, vers la fin de l'année 1887, pour y faire ses études d'éloquence sacrée, le P. Jean-Baptiste se proposait de consacrer ses heures de loisir à la composition de la Vie du pieux frère Jacques de Lanthenay, dont nous avons parlé en temps et lieu. Ce fut à Calais, qu'il y travailla principalement et nous nous souvenons d'avoir été chargé de lire son manusctit, au cours de l'an 1890. Cette première rédaction était trop imparfaite pour obtenir les honneurs de l'impression ; l'auteur avait alors plus de bonne volonté que d'expérience et, par ailleurs, ses supérieurs ne jugeaient pas le moment venu pour cette publication. Le P. Jean-Baptiste reprit donc son manuscrit, le revit avec soin, le modifia, et attendit.

A diverses reprises, il revint à la charge, comme il savait le faire, quand une chose lui tenait à cœur, mais toujours sans résultat. Ce n'est qu'en 1913 qu'il fut enfin autorisé à donner son travail à l'imprimeur. Il paraissait avec ce titre : *Une âme séraphique. Vie du frère Jacques de Lanthenay, sous-diacre de l'ordre des frères mineurs capucins* (1). « Ce livre, écrivait-il, œuvre de notre jeunesse religieuse, a été composé il y a une vingtaine d'années. La publication en a été retardée jusqu'en la présente, par suite de circonstances indépendantes de notre volonté et, sans doute, voulues par la divine Providence, qui, dans sa sagesse infinie, réservait pour nos temps actuels la glorification de son serviteur ». Ces retards, dirons-nous, loin de nuire à cette exaltation, la servirent puissamment. Publiée vingt ans plus tôt, la *Vie du Frère Jacques* serait probablement passée assez inaperçue. Il était réservé au *Propagateur* de la faire connaître à ses milliers de lecteurs, et aussi de publier les faveurs spirituelles et temporelles que l'on est fondé à regarder comme obtenues par son intercession.

Les desseins du Ciel.

Nul ne saurait dire quels sont les desseins du ciel, relativement à la glorification de notre petit frère, dont les restes reposent ignorés dans un cimetière de campagne de la lointaine Hollande. Une tradition vague dit bien qu'un saint personnage y a été inhumé, mais on ne sait rien de précis à son sujet. Les gens du pays ne parlant point le français, sa biographie n'y est pas connue. Quoiqu'il en soit, le P. Jean-Baptiste était en droit de se rendre le témoignage d'avoir accompli tout ce qui était en son pouvoir, pour l'exaltation de cette âme humble et pénitente. Ainsi que le lui écrivait

---

(1) Paris, Couvin. *Œuvre de Saint François d'Assise,* un vol in-16, de 254 pages.

Mgr Mélisson, évêque de Blois, il avait «fait une œuvre excellente » en publiant cette vie si simple, dont la lecture ne peut avoir d'autre résultat que de faire redire aux âmes pieuses la parole de saint Augustin : « Ce que « celui-ci a fait, pourquoi ne le ferais-je pas à mon « tour » (1).

Grâces obtenues.

La *Vie du Frère Jacques* fut rapidement épuisée. On était en pleine guerre, il était difficile de faire une nouvelle édition. Pour contenter les demandes fréquentes qu'il recevait, l'auteur fit paraître un *Abrégé*, « suffisant à faire connaître et apprécier le jeune et saint religieux », qu'il proposait comme modèle *à la jeunesse cléricale et aux âmes intérieures* (2). « Beaucoup, disait-il à la fin de ces pages, en raison de sa tendre dévotion envers la Très-Sainte Vierge et de notre ancienne intimité avec lui, le prennent comme intercesseur auprès de Notre-Dame des Trois *Ave Maria*. De nombreuses neuvaines se font avec emploi de ses images. Et il ne se passe presque pas de jours sans qu'on nous communique des grâces attribuées à son intercession, parmi lesquelles il en est de très remarquables et d'instantanées. Ces faveurs sont publiées au fur et à mesure dans le *Propagateur des Trois Ave Maria* ».

Pour encourager cette confiance, il répandait à pro-

______

(1) Lettres du 1ᵉʳ décembre 1913. *Propagateur* de janvier 1914. p. 8.

(2) *Un modèle de la Jeunesse et des Ames intérieures. Le Frère Jacques de Lanthenay. Sous-Diacre des Frères Mineurs Capucins*, par le P. Jean-Baptiste. son ancien condisciple. Deuxième édition, abrégée. Blois, 1917, in-18 de 84 p.

fusion les images du frère Jacques et recommandait que l'on eut recours à son intercession, en priant « les personnes qui obtiendraient de nouvelles faveurs, de lui en donner connaissance, pour servir au besoin à la cause de béatification de ce grand serviteur de Jésus et de Marie ».

Nouvelles petites feuilles.

Le P. Jean-Baptiste faisait usage depuis longtemps des petites feuilles de propagande. C'est par elles qu'il avait débuté et il continua toujours de s'en servir. Il réédita quelques unes des anciennes, en publia de nouvelles, dont il était l'auteur, ou simplement le propagateur. Du nombre de ces dernières sont les *Souhaits de bonne année* et *l'Engagement d'honneur*, que depuis 1908 il faisait imprimer à l'approche de chaque nouvel an. Ces quelques pages lui avaient été envoyées, écrivait-il, « par une personne (prêtre ou fidèle) qui ne s'était pas fait connaître ». Non content de les publier dans la revue, tant il les avait trouvées parfaites et opportunes, il les avait fait tirer à part, pour que ses lecteurs les puissent offrir à leurs parents et amis, à l'occasion de la nouvelle année (1).

En 1911, il faisait paraître les *Petites Litanies des Trois Ave Maria*, enrichies d'indulgences par Mgr l'évêque de Blois, en les faisant suivre d'une *pieuse salutation à Marie*, empruntée au B. Jean Eudes. L'année suivante. il complétait ces *Litanies*, qui alors parurent seules.

Sa dévotion à Saint Joseph.

En 1913, c'étaient les *Prières à saint Joseph*, dont

______

(1) *Propagateur* de décembre 1907. p. 370.

avait toujours été un client dévot. Chaque année, le mois de mars lui donnait l'occasion de recommander son culte, inséparable de celui de la Très Sainte Vierge, sa chaste Épouse. Suivant la pieuse coutume, reconnue par l'Église, il lui consacrait le mercredi de chaque semaine, et nous avons dans un petit recueil, dont il sera question plus loin, les prières qu'il lui adressait en ce jour. Il lui demandait en particulier la grâce de « gagner beaucoup d'âmes à Dieu et de faire tout le bien en son pouvoir, particulièrement en propageant partout la salutaire pratique des Trois *Ave Maria.*

Signalons encore pour terminer ce que nous avons à dire de ces petites feuilles, celle qu'il éditait en 1917, proposant une double *Consécration* (personnelle et des familles) *à Marie Immaculée, Reine Puissante, Sage et Miséricordieuse.* A côté du Sacré-Cœur intronisé comme Roi, dans les Maisons chrétiennes, il aurait voulu que l'on intronisât Marie, comme Reine des foyers chrétiens (1).

Le Billet et la Sauvegarde du soldat.

La guerre était survenue avec ses tristesses et ses angoisses ; alors le zélé P. Jean-Baptiste propagea les *Prières pour la France et les Soldats,* suivies d'un *Acte de Réparation au Sacré-Cœur pour les péchés de la France.* Cette feuille était destinée surtout à ceux de l'arrière. Pour ceux du front il éditait le *Billet du soldat,* qui était accueilli avec empressement et répandu à des millions d'exemplaires, ainsi que la *Sauvegarde du*

---

(1) *Propagateur* de septembre et octobre 1917, pp. 249 et 289.

Soldat, petit drapeau au trois couleurs, portant au milieu l'image du Sacré-Cœur. Disons-le bien haut, nombre de soldats reconnurent devoir leur préservation à ces petites feuilles, ou à leur médaille de Notre-Dame des Trois *Ave Maria*. Chaque numéro du *Propagateur* renfermait des témoignages émus de leur reconnaissance.

Un des *ex-voto* les plus émouvants, qui sont exposés au sanctuaire des Trois *Ave Maria*, est un petit cadre renfermant une feuille du *Ciel ouvert* et la *Sauvegarde*, traversés par une balle, qui n'alla pas plus loin et ne fit pas la moindre égratignure au soldat qui les portait sur sa poitrine (2). Le fait n'est pas isolé. On comprend que le zèle du Père ne faisait que s'accroître et que chaque jour sa propagande devint plus active et plus confiante. Les grâces spirituelles, pour être demeurées cachées, ne furent certainement pas moins nombreuses, et nous avons la certitude que les Trois *Ave Maria* ont ouvert le ciel à plus d'une des victimes de ce terrible fléau, dont lui-même ne devait pas voir la fin.

Les dimanches du P. Jean-Baptiste.

Après cet aperçu rapide des travaux des dernières années du P. Jean-Baptiste, il nous faut donner une idée générale de son genre de vie pendant la même période.

Par suite de la mobilisation, le personnel de ses collaborateurs, et de ses employés avait été diminué ; d'où un surcroît de travail, partant de fatigue, pour le Directeur. Depuis 1906, un de ses confrères lui était adjoint en qualité de *Sous-Directeur*, d'autres travail-

____

(1) *Propagateur* d'août 1917, p. 176.

laient avec lui, de façon plus intermittente, s'occupant surtout du *Petit Propagateur*. Pour le grand, il ne se déchargeait sur personne du soin de sa préparation. Au lieu d'être pour lui des jours de repos, ceux où les bureaux étaient fermés, où par conséquent il n'était point dérangé, étaient consacrés à cette occupation. Il écrivait alors ce qu'il avait médité pendant la semaine, tout en s'occupant du courrier et en surveillant les expéditions.

Une vie réglée.

On se demande parfois comment le P. Jean-Baptiste arrivait à fournir une pareille somme de travail. Sans aucun doute, sa santé qui, dans sa jeunesse, avait paru à son directeur du séminaire devoir lui interdire la vie sévère du cloître et avait fait retarder son entrée au noviciat, s'était affermie avec les années, et il avait acquis une force de résistance à la fatigue en *ne s'écoutant* pas. Depuis qu'il était expulsé de son couvent, il continuait à mener la vie régulière d'un cénobite. Levé le matin dès quatre heures et demie, à cinq heures, il était à la chapelle, où il faisait une heure entière d'oraison ; ensuite il célébrait la sainte messe, et après son action de grâces, récitait les petites heures du bréviaire, puis il restait en prières jusqu'à sept heures et demie. Suivait un frugal déjeuner, une tasse de café noir les jours de jeûne, et il se mettait à la besogne jusqu'à midi. Cependant, au cours de la matinée, le secrétaire, qui travaillait près de lui, le voyait se retirer dans la pièce voisine, où, soit immobile, soit en marchant, il demeurait seul pendant une dizaine de minutes. Il les employait, pieusement, à réciter puelques prières, en particulier la *Petite Couronne de l'Immaculée Conception,* qu'il avait fait vœu de dire chaque jour, quand il fut ordonné sous-diacre.

Après le repas de midi, il prenait une courte récréation, en conversant avec ceux qui partageaient son existence, puis, par tous les temps, en hiver comme en été, par le soleil ou par la pluie, on le voyait, seul ou avec un compagnon, faire une promenade sur l'Esplanade de l'Évêché, d'où l'on jouit d'une vue magnifique sur la Loire. Les dimanches, le tour était un peu plus long. En rentrant, il récitait Vêpres et Complies et se remettait à ses occupations, qu'il interrompait pour quelques instants par une prière, comme le matin. La fermeture des bureaux et le départ des employés n'interrompait point son travail, qu'il poursuivait jusqu'à l'heure du souper, que suivait une courte récréation, pendant laquelle il parcourait les journaux. Après les prières du soir, dites en commun, il restait encore longtemps à la chapelle, faisait son *Chemin de Croix* et achevait la récitation du Rosaire, commencée le matin. A neuf heures, il se renfermait dans sa chambre et le lendemain ressemblait à la veille.

Ses vacances.

Les vacances du P. Jean-Baptiste consistèrent, durant plusieurs années, à prendre part aux Congrès Marials ; ce qui lui donna l'occasion de faire quelques voyages intéressants, en Suisse, en Espagne, en Autriche.

Chaque année aussi, il se rendait à Lourdes, au Pèlerinage national, puis il prenait une semaine pour sa retraite, qu'il faisait soit seul, soit en commun, dans une maison d'exercices ou une autre. La guerre interrompit ces habitudes et il ne quitta guère pendant ces années sa solitude de Blois. Une de ses dernières sorties avait été pour aller au mois de septembre 1917, faire cette retraite annuelle, à l'ombre de l'ancienne basilique de Notre-Dame de Bonne-Garde à Longpont, dans le diocèse de Versailles, où il savait devoir trouver une fraternelle hospitalité. Lui-même a consigné dans le *Propagateur* (1), quelques-uns des souvenirs de son pèlerinage à cet antique sanctuaire de la Madone, que la tradition regarde comme encore plus ancien que celui de Chartres.

(1) Novembre 1917, p. 337.

CHAPITRE DIX-HUITIÈME

LA FIN DU SERVITEUR DE MARIE

Généreuse illusion.

REPOS moral et spirituel, la retraite de Longpont était aussi pour le P. Jean-Baptiste un repos physique, dont il éprouvait le besoin. Le travailleur infatigable, que nous avons vu, commençait en effet à ressentir dans son organisme des troubles dont il ne savait s'expliquer la cause. Habitué qu'il était à ne point s'écouter lui-même, il n'y prenait pas trop de garde, mais c'étaient les premiers symptômes du mal auquel il devait succomber.

Disons-le sans détours, il ne pensait pas que sa fin dût être prochaine. Il avait la généreuse illusion, à laquelle sont sujets ceux que la Providence met à la tête d'une entreprise grandiose, de se regarder comme nécessaires à sa réussite. Bien que l'Œuvre des Trois *Ave Maria,* à laquelle il se consacrait depuis plus de quinze ans, fut déjà solidement établie, il ne se croyait pas en droit de dire son *Nunc dimittis.* La Confrérie ne faisait que de naître et puis il rêvait toujours d'un sanctuaire, d'une basilique à élever en l'honneur de Notre-Dame des Trois *Ave Maria.* Aussi, quand par une aimable taquinerie, des confrères le pressaient de s'offrir pour être une des victimes de choix, que, répétait-il, le ciel réclamait pour le salut de la France, il répondait avoir une autre mission, qui n'était point terminée. D'ailleurs, il ne se considérait pas comme une de ces âmes d'élite, dont l'offrande eut pesé pour quelque chose dans la balance de la justice divine.

Conformité à la volonté de Dieu.

Il n'avait point besoin, non plus, de faire cette offrande spéciale. Nous avons sous les yeux un petit recueil de prières que le pieux religieux avait composé à son usage, et dont l'usure suffit à témoigner qu'il s'en servait quotidiennement. Une des formules, composée en partie par lui-même et pour le reste empruntée à sainte Gertrude, a pour titre : *Acte d'abandon à la volonté de Dieu.* Elle commence : « *Non mea voluntas, sed tua fiat !* Non pas ma volonté, mais la vôtre ! Tel est et tel sera désormais le cri de mon âme, l'objet de mes désirs et de mes aspirations... » Il la termine en disant : « Pour suppléer, ô mon Dieu, au désir que j'ai de vous adresser continuellement cette prière, je vous prie d'agréer l'intention que je forme de vous la redire à tous les battements de mon cœur, et à toutes les aspirations de ma poitrine, et spécialement toutes les fois que je répéterai cette invocation, ou une autre analogue : *Non mea voluntas, sed tua fiat* ». Le bon plaisir de Dieu, la conformité à sa divine volonté étaient le résumé de sa spiritualité, le *secret de sainteté*, auquel il était demeuré fidèle. Avait-il besoin de faire d'autre offrande de lui-même ?

L'offrande de soi.

Mais il la faisait, cette offrande, qu'on lui proposait ! Dans le même petit recueil, nous trouvons en effet cette invocation assez explicite. « Très doux Jésus, j'accepte d'être la victime de votre Sacré-Cœur et je veux me sacrifier comme hostie d'immolation, pour l'accomplissement de vos desseins ». Que pouvait-il dire de plus ? Depuis longtemps, il s'était donné corps et âme ; il n'avait donc plus à offrir ce qu'il avait livré pour toujours.

Sans doute il aimait son Œuvre des Trois *Ave Maria ;* mais il préférait encore la volonté de Dieu, aussi redisait-il souvent cette aspiration : « *Fiat in me, de me, circa mea omnia sanctissima, perfectissima et amabilissima voluntas tua, Domine, nunc deinceps et in perpetuum !* Seigneur, que votre volonté très sainte, très parfaite et tout aimable, s'accomplisse en moi, sur moi et sur tout ce qui est à moi, maintenant, après, toujours. »

L'annonce d'une mort prochaine put le surprendre, mais elle le trouva soumis et préparé. Par ailleurs il n'avait pas attendu à ses derniers jours, pour prendre ses précautions, afin que sa disparition ne causât aucun détriment à sa chère œuvre.

La maladie du Père Jean-Baptiste.

Nous emprunterons au *Propagateur* le récit des derniers jours et de la mort du P. Jean-Baptiste. Elle devait être simple, comme avait été toute sa vie. « Il souffrait depuis longtemps d'un mal qui le minait sourdement, Au début de juin (1918), il fut pris de vomissements fréquents et d'un malaise indéfinissable. L'estomac refusait toute nourriture. Le repos absolu s'imposait, mais le malade ne pouvait s'y résigner. Il n'avait, croyait-il, qu'une forte dyspepsie provenant d'un surmenage continuel. Ce n'est qu'après de multiples instances qu'il consentit enfin à aller prendre quelques jours de vacances et de soins au Prieuré de Saint-Louans, près de Chinon (1).

« Hélas, il ne devait plus revenir. Le médecin du Prieuré déclara qu'en plus de la dyspepsie il y avait inflammation du pylore et qu'une opération était nécessaire à bref délai. Le R. P. Jean-Baptiste nous annonça lui-même la douloureuse nouvelle dans une lettre datée du 29 juin. « Il faut aller jusqu'au bout de l'épreuve, « écrivait-il. Le régime suivi ne faisant rien, et mon « état s'aggravant plutôt, j'irai voir le docteur Monprofit « à Angers, grand spécialiste pour les maladies d'esto- « mac, qui probablement décrétera l'opération ».

« Le choix de ce célèbre spécialiste nous donnait confiance. Mais le docteur Monprofit, consulté, réserva son jugement, déclarant sans doute pour rassurer le malade, qu'une simple ponction suffirait. En réalité, il n'y avait plus rien à faire. Le cas était désespéré ; c'était une tumeur cancéreuse. Les sommités médicales d'Angers, après examen, avouaient leur impuissance ».

Derniers jours.

« Le P. Jean-Baptiste, malgré les soins intelligents et

----

(1) « Nous avions tous au Prieuré, pour le P. Jean-Baptiste, écrivait-on au lendemain de sa mort, la plus grande estime et le plus respectueux attachement. Sa bonté, son humilité, sa simplicité, sa charité attiraient nos cœurs vers lui. » (*Propagateur* de septembre p. 270).

dévoués dont on l'entourait infatigablement, n'avait plus
qu'à attendre le dénouement fatal. Toutefois, il ne se
rendait pas encore bien compte de la gravité de son état.
On lui fit comprendre qu'il était en danger de mort
prochaine, et le 12 juillet, il reçut les derniers sacrements
avec grande piété, en s'abandonnant pleinement à la
sainte volonté de Dieu.

« De jour en jour le mal empirait et la faiblesse du
malade augmentait, la mort venait à grands pas. Elle
arriva à onze heures du soir, le *samedi 27* juillet, jour
consacré à la Sainte Vierge. Dès le lendemain, un télé-
gramme nous annonçait le décès et une lettre nous
apportait les précieux et consolants détails qui suivent,
sur les derniers instants de notre cher défunt : « La Très
« Sainte Vierge a trouvé que son serviteur avait suffi-
« samment propagé sa dévotion et qu'il était temps de
« le rappeler à Elle pour la contempler à son aise dans sa
« gloire. Donc, la nuit de samedi à dimanche, vers onze
« heures, elle est venue prendre son âme, ne nous
« laissant que sa dépouille mortelle. Il a eu sa connais-
« sance jusqu'à la dernière minute, et son regard était
« fixé constamment sur l'image de Marie ».

Touchant témoignage.

Pendant les derniers jours de sa maladie et malgré ses
cruelles souffrances, nous écrit un ami qui l'avait plusieurs fois approché, le P. Jean-Baptiste « conservait
toujours son regard bon et aimable ».

Il eut encore la joie de recevoir la visite d'une de ses
nièces, religieuse de la Pommeraie, en Vendée. Celle-ci

écrivait peu après. « J'ai eu la consolation de voir mon oncle quinze jours avant sa mort. J'ai été bien frappée de le trouver si calme et si résigné à la sainte volonté de Dieu. Pendant les quelques heures que j'ai passées près de lui, je le voyais porter souvent ses regards sur le tableau placé près de son lit, représentant Notre-Dame des Trois *Ave Maria* ; et comme je lui disais que la Très Sainte Vierge pouvait bien le guérir, il me répondit paisiblement : « Il faut un miracle pour que je guérisse... comme Elle voudra ». Notre bonne Mère du Ciel devait sans doute être contente de son serviteur, et Elle n'a pas voulu tarder plus longtemps pour le récompenser ».

Sympathies et regrets.

La nouvelle de la mort du P. Jean-Baptiste causa partout une douloureuse surprise. On avait encore vu sa signature dans le numéro du *Propagateur* du mois de juillet (1), et, encadrée de noir, la première page du numéro d'août annonçait que sa main glacée ne reprendrait jamais la plume. C'est que, sauf dans un cercle restreint, on ignorait la maladie de l'apôtre zélé des Trois *Ave Maria* et encore ceux-là cherchaient-ils à se persuader qu'il ne s'agissait que d'un malaise passager. Aussi les lettres de condoléances et de sympathie arrivèrent-elles nombreuses et touchantes. Correspondants habituels, amis, zélateurs et zélatrices, simples abonnés, disaient

____

(1) Il y donnait la fin de deux articles : un sur les *Trois Ave Maria et le salut de la France*, l'autre sur les *qualités et les fonctions d'une bonne Zélatrice*.

en termes émus leur surprise, leurs regrets, assuraient de leurs prières et exprimaient aussi la confiance qui consolait leur deuil.

La Mère des Miséricordes n'avait pu manquer d'intercéder pour son fidèle serviteur, qui lui avait dit et fait dire des millions de fois : *priez pour nous, à l'heure de notre mort !* Aurait-elle pu ne pas faire bon accueil à l'apôtre de la dévotion qu'elle-même avait enseignée à sainte Mechtilde, lui promettant qu'Elle l'assisterait, visiterait, aiderait et réconforterait à l'heure de la mort, ainsi que ceux et celles qui l'imiteraient en ce pieux exercice.

Quelques extraits de lettres.

« J'aimais beaucoup le P. Jean-Baptiste, écrivait un de ses confrères, on sentait en lui un homme de Dieu, ne voulant que sa gloire et y sacrifiant sa vie. Hélas ! elle fut trop courte parmi nous, bien qu'assez longue pour lui, car il faut espérer que le bon serviteur a déjà reçu sa récompense ». — « Il était mûr pour le ciel », écrit un prêtre. — Un Vicaire général de Blois, qui l'a vu de près, estime que « le bon P. Jean-Baptiste est allé recevoir la récompense de toute une vie éminemment surnaturelle et ardemment apostolique ». — Écoutons un Directeur d'Œuvre : « Je remercie le Seigneur de m'avoir fait la grâce de connaître le P Jean-Baptiste ». — « Je n'ai pas eu l'avantage de connaitre le R. P. Jean-Baptiste autrement que par la correspondance épistolaire très suivie que nous avons entretenue pendant une dizaine d'années, dit un Curé fervent propagateur des

Trois *Ave Maria*. Mais cela m'a amplement suffi pour apprécier son grand cœur si franchement ouvert à tous ceux qui s'adressaient à lui, ainsi que son zèle ardent et inlassable pour la gloire de Marie et, en général, pour tout ce qui a rapport à l'extension du règne de Dieu dans les âmes ».

Impossible de tout citer, nous ne pouvons cependant omettre la lettre du regretté Mgr Tasso, évêque d'Aoste, apôtre, lui aussi, de la chère dévotion. « La nouvelle de la mort du R. P. Jean-Baptiste, fondateur et directeur de l'Œuvre des Trois *Ave Maria*, m'a profondément attristé. Je vous prie d'agréer mes condoléances pour cette perte si douloureuse et prématurée. Mon diocèce s'unit à moi pour partager le deuil de l'Œuvre des Trois *Ave Maria*. Il nous reste la consolation de penser que le bon Père se souviendra de nous dans le monde meilleur, où il aura trouvé une abondante récompense de son zèle pour la gloire de Marie et le salut des âmes, et, qu'à l'exemple de Sœur Thérèse de l'Enfant Jésus, *il passera son ciel à faire du bien à la terre*. La vallée d'Aoste, qui eut l'avantage d'entendre sa parole d'apôtre, à l'occasion de notre Congrès Marial, en 1909, lui doit une reconnaissance spéciale pour l'impulsion qu'il apporta à la dévotion des Trois *Ave Maria* et, partant, au culte de la Mère de Dieu dans ce diocèse ».

Ajoutons-y pour les lettrés, l'élégant dystique latin de l'Hymnographe romain, Mgr Verghetti, qui, dans la langue de l'Église recommande de ne pas pleurer celui qui se réjouit au ciel, devant le trône de Marie :

Defunctum Fratrem noli deflere Joannem ;
In cælis gaudet Virginis ante thronum !

Les trois demandes du Père Jean-Baptiste.

Dans ses prières quotidiennes à Marie, le P. Jean-Baptiste lui demandait trois grâces : 1° Celle de mourir avant de commettre un péché mortel ; 2° celle de ne pas mourir avant d'être devenu un vrai saint ; 3° celle de mourir au jour d'une de ses fêtes, tout au moins un samedi. Le mercredi, il implorait les mêmes grâces, par l'intercession de saint Joseph.

Il fut exaucé pour la troisième : il est mort le *samedi* 27 juillet 1918, sur les onze heures du soir. Si nous pouvons constater ce fait, il nous est impossible de constater l'accomplissement de ses autres désirs. Mais, dirons-nous, si Marie a exaucé le moins important, aurait-elle pu rester sourde à ses autres demandes ? — Matin et soir, il lui redisait depuis des années et des années : « O ma Mère, préservez-moi du péché mortel ». Il avait recommandé cette invocation, dont il assurait la merveilleuse efficacité ; gagnées par son zèle, des milliers d'âmes la redisaient et la redisent sous tous les cieux et dans toutes les langues, avec une inébranlable confiance ; et sa confiance à lui aurait été trompée ? Ce serait faire injure à la Vierge Puissante, Sage et Miséricordieuse que de s'arrêter à cette pensée. Sur ce point, il a dû aussi être exaucé. Reste la troisième demande : ne pas mourir avant d'être devenu un vrai saint. Nous allons essayer d'y répondre.

Qu'est-ce qu'un saint ?

Qu'est-ce qu'un saint ? En quoi consiste la sainteté ? Dans l'état de grâce, dans l'état d'union avec Dieu. Il y a bien des degrés dans cet état, depuis la sainteté de la Vierge Immaculée, la plus sainte des créatures, jusqu'à celle de l'âme qui achève de se purifier dans les flammes du purgatoire. Un saint, ce n'est pas seulement le personnage que l'Eglise inscrit au calendrier, qu'elle propose à notre imitation, dont elle proclame les vertus héroïques. Le ciel serait bien vide, s'il était réservé aux saints canonisés ! Qui oserait y prétendre ? Rassurons-nous. Après la mort, il n'y a plus que des saints et des réprouvés. A la fin du monde, il n'y aura plus que le paradis et l'abîme de tourments. Le Purgatoire n'est que l'antichambre du ciel, où l'âme secoue la poussière qui est demeurée attachée à sa robe nuptiale, avant d'aller prendre part au banquet des félicités éternelles. « Dans la maison de son Père, nombreuses sont les demeures » disait Notre Seigneur (1), et elles sont en proportion de la fortune spirituelle acquise par chacun. Que l'on nous pardonne cette expression, triviale en un pareil sujet : il y en a pour toutes les bourses. Dieu rendra à chacun suivant ses mérites.

Motifs de confiance.

Cela nous doit suffire. « Mon fils, conseille l'auteur de l'*Imitation*, ne recherche pas quels sont les mérites des Saints ; ne discute pas quel est le plus grand dans le royaume des cieux. Ces recherches et ces discussions sont vaines et déplaisent aux Saints » (2). Ne tombons pas dans ce défaut et, sans aller jusqu'à prétendre que le

---

(1) *Évangile selon saint Jean*, XIV. 2.
(2) Livre III, ch. 58.

P. Jean-Baptiste a été un saint à canoniser, ayons la
douce conviction qu'il jouit au ciel de la récompense
due à ses œuvres.

L'œuvre du P. Jean-Baptiste.

« Bienheureux ceux qui meurent dans le Seigneur,
écrivait sous une dictée mystérieuse le Voyant de
Patmos. Que dès maintenant, dit l'Esprit, ils se reposent
de leurs travaux, car leurs œuvres les suivent» (1). Celles
du P. Jean-Baptiste se peuvent résumer en une seule :
l'extension du royaume de Dieu, *Adveniat regnum tuum !*
ainsi que nous venons de le lire sous la plume d'un de
ses correspondants.

Étendre le royaume de Dieu, et pour cela lui gagner
beaucoup d'âmes, par l'intercession de la Très Sainte
Vierge. *Ad Jesum per Mariam,* « à Jésus par Marie »,
avait été la devise de toute sa vie personnelle, comme de
son laborieux apostolat. Et dans ses dernières années, le
cri de guerre, par lequel il animait ses *Croisés*, n'était-il
pas :

> Par les Trois *Ave Maria*
> Le Cœur de Jésus règnera !

Il lui fallait donc faire connaître et aimer la Très
Sainte Vierge. Il s'y donna tout entier.

Les théologiens de la dévotion Mariale mettent dans
la bouche de celle que l'Eglise appelle le *Trône de la
Sagesse,* les paroles que l'auteur inspiré de l'*Ecclésiastique* place sur les lèvres de la Sagesse éternelle : « Celui

---

(1) *Apocalypse,* XIV, 13.

qui m'écoute ne sera point confondu et ceux qui font de moi l'objet de leurs travaux ne pècheront pas. Ceux qui me mettent en lumière auront la vie éternelle » (1). Ayons donc confiance, les trois demandes du P. Jean-Baptiste ont été exaucées.

Son épitaphe.

En demandant au P. Jean-Baptiste le sacrifice de sa vie, Dieu y ajoutait une circonstance qui le rendait plus méritoire. C'était de mourir hors de la maison de Notre-Dame des Trois *Ave Maria*, loin de sa chère ville de Blois, que, disait-il, Marie avait choisie pour être le centre de cette dévotion mondiale. Il fallait que le détachement de tout ce qu'il avait aimé fut complet. Il ne mourait pas, sans doute, dans une maison étrangère, ni au milieu d'inconnus ; néanmoins, ce n'était point le cher vieux logis des Grands Degrés Saint-Louis, ce n'étaient point ses familiers, ses collaborateurs. Les derniers liens qui l'attachaient à la terre devaient être brisés. Ses restes mortels reposent dans un caveau ami du grand cimetière d'Angers.

Le 1er août, un service funèbre était célébré à la Cathédrale de Blois, « au milieu d'une assistance nombreuse et recueillie » (2). C'est dans cette ville qu'il aurait aimé avoir sa dernière demeure. Nous ne savons si dans les temps à venir, on y pourra construire la Basilique de ses rêves. S'ils se réalisent, on ne

---

(1) Ch. XXIV, 30, 31.
(2) *L'Avenir du Loir-et-Cher*.

manquera pas d'y transporter ses cendres et, sur sa tombe on gravera son nom et ces deux mots qu'il aimait à y ajouter :

MARIÆ SERVUS
SERVITEUR DE MARIE

24 juin 1921.
En la fête de Saint Jean-Baptiste.

TABLE DES MATIÈRES

IMPRIMERIE J. DUCULOT, GEMBLOUX (Belgique) (*Importé de Belgique*)